독립운동가

최재형

독립운동가 최재형

1판 1쇄 발행 2014년 4월 5일
1판 11쇄 발행 2025년 5월 20일

지 은 이   문영숙
발 행 처   사단법인 독립운동가최재형기념사업회
펴 낸 이   김형근
펴 낸 곳   서울셀렉션㈜
편   집   김유진
디 자 인   손홍경

등   록   2003년 1월 28일(제1-3169호)
주   소   서울시 종로구 삼청로 6 (우03062)
편 집 부   전화 02-734-9567 팩스 02-734-9562
영 업 부   전화 02-734-9565 팩스 02-734-9563
홈페이지   www.seoulselection.com

ⓒ 2014 문영숙

* 이 책의 내용과 편집 체재의 무단 전재 및 복제를 금합니다.

시베리아의 난로 최 페치카

독립운동가 최재형

문영숙 지음

서울셀렉션

작가의 말

시베리아 한인들의 영원한 페치카
최재형 선생을 기리며

 2012년 가을, 나의 청소년 소설 《까레이스키, 끝없는 방랑》을 펴낸 직후 문인들과 함께 블라디보스토크를 거쳐 시베리아 횡단열차를 타고 바이칼까지 돌아보는 여행길에 나섰다.
 가보지 않고 소설 속에 그려내던 배경을 직접 찾아 나선 길이라 나는 누구보다도 설렘이 컸다. 블라디보스토크 공항에 내려 곧바로 버스에 올라 첫 번째로 찾아간 곳이 우수리스크였다. 1937년 황무지인 중앙아시아로 강제이주를 당한 고려인들이 살았던 흔적을 더듬으면서, 수이푼 강에 조국을 잃은 설움과 눈물을 뿌렸던 수많은 독립투사를 떠올렸다. 헤이그 특사의 주역인 이상설 선생 유허비 앞에 섰을 때는 착잡한 심정에 바람결조차 스산하게 느껴졌다. 끝없이 펼쳐진 평원이 발해의 영토였다는 사실을 상기하니 옛 땅을 지키지 못한 후손으로서 안타깝기만 했다.
 고려인 박물관에 들러 1937년 스탈린에 의해 강제이주를 당하기 전까지 조국을 등지고 살던 한인들이 남긴 흔적을 더듬을 때도 마음이 무겁게 가라앉았다. 가이드는 다음으로 최재형 선생이 마지막까지 살았던 집이라며 우리를 안내했다. 나는 그때 최재형이란 이름을 처음 들었다. 선생이 살던 집은 건물만 그대로일 뿐 러시아 사람이 살고 있어서 안을 둘러볼 수가 없었다. 건물 벽에 붙어 있는 안내문을 읽고도 나는 최재형 선생이 낯설었다.

 여행을 마치고 돌아와서 최재형 선생에 관한 자료를 찾아보던 나는 점점 최재형 선생에 빠져들었다. 최재형 선생은 노비로 태어났지만, 러시아에 사는 한인들에게 정신적 물질적으로 난로처럼 따뜻한 삶을 산 거인이었다. 연해주에 모인 의병들을 먹이고 입히고 무기를 제공했고, 한인 후손들을 가르치기 위해 무려 32개나 되는 학교를 세우고, 봉급을 털어 유학을 보냈다.

 최재형 선생은 열한 살에 집을 뛰쳐나와 거리를 헤매다가 세계를 돌며 무역을 하는 선장에게 발견된다. 선생은 그 후 선장의 배를 타고 세계 곳곳을 돌아보게 된다. 두 번에 걸친 긴 항해는 선생에게 원대한 꿈을 잉태하는 계기가 되었다.

 선생은 성실과 근면으로 견문을 넓히고 러시아어는 물론 중국어에도 능통해 러시아에서 꼭 필요한 인재로 성장한다. 열한 살 때부터 열일곱 살까지 6년간의 항해를 마친 선생은 여기저기에서 통사로 일해 달라는 부탁을 받게 되고, 시베리아에 새로운 도로를 건설하는 책임자로 발탁된다. 도로공사를 성공리에 마친 뒤에는 러시아로부터 여러 번 훈장을 받는다. 그 후 선생은 러시아 얀치헤의 읍장에 선출된다.

선생은 러일전쟁때부터 일본군과 싸웠고, 그 후부터 본격적으로 항일운동에 뛰어들었다. 특히 안중근 의사의 하얼빈 의거는 최재형 선생처럼 든든한 발판이 있어 가능했다. 나는 최재형 선생에 대해 알면 알수록 이제라도 선생을 세상에 알려야 한다는 사명감까지 느꼈다.

우리가 지금까지 이런 훌륭한 분을 잊고 살았다는 것은 참으로 부끄러운 일이라는 생각이 든다. 선생이 지금까지 우리에게 알려지지 않았던 가장 큰 이유는 러시아 국적을 가지고 있었기 때문이다. 그러나 소련이 해체되고 러시아와 대한민국이 수교하게 되면서 선생에 관한 자료가 속속들이 세상에 드러나게 되었다. 나는 최재형 선생의 삶을 천착하면서 선생이야말로 미래를 짊어질 청소년들의 롤모델로 삼을 만큼 멋지고 훌륭한 분이라는 확신을 갖게 되었다.

나는 지금까지 코리안 디아스포라로 살아야 했던 불행한 동포들을 조명하며 가슴이 많이 아팠다. 이미 스탈린에 의해 무려 17만여 명의 고려인들이 시베리아 횡단열차에 태워져 중앙아시아의 황무지에 버려진 비참한 이야기를 《까레이스키, 끝없는 방랑》이란 책에 담아냈다. 그 책은 1937년 강제이주 시점부터 소련 정부가 스스로 자신들이 행한 강제이주정책이 잘못되었다고 인정한 1956년까지 엄청난

고난과 역경을 살아 낸 한인들의 이야기이다.

그 책에 이어 이번에 쓴 《독립운동가 최재형》에는 러시아 한인이주 초기부터 최재형 선생이 순국한 1920년까지의 이야기가 담겨 있어서, 내가 쓴 두 권의 책이 러시아 한인이주 초기에서 1956년까지 한인들의 삶을 담아냈다는 데 커다란 의미를 둘 수 있다. 앞으로 기회가 된다면 1956년 이후부터 오늘에 이르는 러시아 한인이주자들의 삶을 그려보고 싶다.

최재형 선생의 숭고한 삶을 글로 쓰는 동안 한민족의 자긍심과 보람을 느꼈다. 앞으로 이 책을 읽는 독자들이 최재형 선생처럼 원대한 희망을 꿈꾸고, 그 꿈을 멋지게 이룰 수 있기를 바란다.

이 책을 쓸 수 있도록 많은 자료를 책으로 내 주신 박환 교수님께 감사드리며 그 외에 조언과 격려를 해주신 분들께도 고마움을 전한다.

2014년 4월 5일 문영숙

차례

작가의 말 _4

1. 포시에트 항구 _11

2. 흙비가 내리다 _24

3. 끝없이 너른 벌판 _30

4. 가출 _44

5. 기나긴 항해 _53

6. 표트르 세메노비츠 최 _73

7. 그리운 아버지 _82

8. 얀치헤의 새 출발 _94

9. 도헌이 되어 _102

10. 니콜라이 2세 대관식에 가다 _109

11. 조선의 부름과 재혼 _117

12. 조선의 독립운동에 뛰어들다 _126

13. 박영효를 만나다 _134

14. 을사늑약 _143

15. 밀지를 받은 사람들 _150

16. 동의회와 의병부대 _161

17. 안중근의 단지동맹 _174

18. 코레아 우라! _182

19. 권업회 총재로 _190

20. 러시아 한인이주 50주년 기념사업 _199

21. 사라예보의 총소리 _204

22. 파리강화회의 _213

23. 시베리아의 별이 되다 _221

우리 할아버지 최재형을 소개합니다 _233
발간에 부쳐 _235
연표 _238

1
포시에트 항구

왁자지껄한 소리가 어렴풋이 들렸다. 재형은 간신히 눈을 떴다. 햇살에 눈이 부셔서 앞이 잘 보이지 않았다. 커다란 물체가 재형의 몸을 툭툭 걷어찼다. 재형은 정신을 차리려 애썼다. 건장한 러시아 남자들이 자신을 내려다보며 소리치고 있었다.

"야, 일어나! 저리 꺼져!"

재형은 가까스로 몸을 일으켰다. 몸이 쇳덩이처럼 무거웠다. 입안에서 찝찔한 모래가 서걱서걱 씹혔다. 바로 앞에 기다란 창고들이 보였다.

'여기가 어디지? 이 사람들은 뭐야?'

재형은 겨우 일어섰다. 지난밤 질척거리는 해변을 따라 걷다가 그대로 길바닥에 쓰러졌나 보다.

코가 딸기처럼 부푼 남자가 재형을 걷어차며 소리쳤다.

"야, 빨리 꺼지라니까. 바닷물에 처넣기 전에!"

재형은 비틀거리며 발을 떼었다. 사방이 빙빙 돌고 금세 토할 것 같았다. 맹꽁이처럼 배가 나온 남자가 길게 땋아 내린 재형의 머리채를 잡고 빙글빙글 돌리며 킥득거렸다. 대머리 남자도 새형의 옷고름을 잡아당기며 누런 이를 드러내고 뭐라 떠들어댔다.

재형이 쓰러져 잠든 곳은 포시에트 항구의 창고 앞이었다. 항구에는 배 여러 척이 정박해 있었다. 부두 가까이에는 작은 고기잡이배들이 모여 있었고, 부두에서 멀리 떨어진 곳에는 큰 돛단배들과 굴뚝이 여러 개인 큰 배들도 보였다. 재형이 비틀거리며 사방을 둘러볼 때였다. 키가 무척 큰 남자가 다가오며 소리쳤다.

"이봐! 빨리 서두르지 않고 뭐 하고 있어?"

"선장님. 이 녀석이 창고 앞에 쓰러져 있어서요. 꼴이 하도 이상해서, 흐흐흐."

키가 큰 사람이 선장인 모양이었다. 선장은 재형의 팔을 잡으며 남자들에게 말했다.

"자, 이 애는 내가 알아서 할 테니 얼른 서둘러. 오늘 새로 들어올 물건이 아주 많아."

"예, 선장님. 알겠습니다요."

러시아 남자들은 선원인 듯했다. 선장의 말에 모두 창고 쪽으로 사라졌다. 그제야 선장이 재형에게 물었다.

"애야, 너, 집이 어디니?"

재형은 말할 기운도 없어서 고개만 저었다.

"집이 없어? 그럼 떠돌이란 말이냐?"

재형은 간신히 고개를 끄덕였다. 선장이 재형을 이리저리 살피더니 말했다.

"에이, 몹쓸 사람들 같으니라고. 불쌍한 애를 놀리다니 쯧쯧. 애야, 나와 함께 우리 집으로 가자."

재형은 선장이 자신을 측은하게 여기는 모습에 마음이 놓여, 그가 이끄는 대로 따라갔다.

선장의 집은 부두에서 가까운 곳에 있었다. 재형이 책을 빌리러 갔던 러시아 친구 아나톨리의 집처럼, 선장이 사는 집도 재형에겐 대궐처럼 느껴졌다. 귀족처럼 생긴 여자가 재형을 보자마자 깜짝 놀라 물었다.

"아니, 여보. 그 애는 누구예요?"

여자는 선장의 부인이었다.

"이 애가 부두 창고 앞에 쓰러져 있었소. 며칠 굶은 것 같은데, 그대로 내버려둘 수가 없어 데려왔소. 우선 뭘 좀 먹이고, 당신 곁에 두고 잔심부름이라도 시키면 어떨까 해서."

"네? 잔심부름을요? 어떤 애인 줄도 모르는데, 어떻게?"

"당신이 꼬마애라도 하나 있었으면 좋겠다고 하지 않았소? 이 애 눈을 봐요. 무척 선하게 생겼소."

"알았어요. 일단 씻기고 옷부터 갈아 입혀야겠어요."

"우선 따끈한 차라도 먹여야 할 거요."

선장의 말에 부인이 혀를 쯧쯧 차며 부엌으로 들어가더니, 김이 솔솔 올라오는 차를 들고 나왔다.

"자, 우선 이 차부터 마셔라. 얼른 씻고 옷을 갈아입자. 옷이랑 머리가 아주 형편없구나."

선장 부인이 재형을 가엾게 바라보았다. 따뜻한 차가 빈속에 들어가니 그제야 어질어질하던 머리가 좀 맑아지는 것 같았다. 선장 부인이 선장에게 말했다.

"여보, 알렉세이를 불러줘요."

"알았소."

선장이 밖으로 나가자마자 젊은 남자가 안으로 들어왔다.

"사모님, 부르셨습니까?"

"이 아이를 씻기고 옷부터 갈아입혀야겠어. 아, 머리에 서캐가 보이니 이도 있을 것 같아. 머리도 다 잘랐으면 좋겠어."

"예, 알겠습니다."

알렉세이는 선장의 하인이었다. 알렉세이가 재형을 목욕탕으로 데려갔다. 재형은 목욕탕이란 곳에 처음으로 들어갔다. 몸을 씻는 방이 따로 있는 게 신기했다.

재형은 목욕탕 거울에 비친 자신의 모습을 보고 깜짝 놀랐다. 이처럼 큰 거울에 자기를 비춰본 적이 없었다. 언제 머리를 빗었을까. 두만강을 건넌 후로는 제대로 머리를 빗어본 적이 없었다. 앞머리는 먼

지투성이였고, 엉덩이까지 치렁치렁한 머리는 땋은 지 너무 오래되어서 빗도 안 들어갈 게 뻔했다. 얇은 무명옷은 누덕누덕 기워서 거지가 따로 없었다. 질척거리는 길을 맨발로 걸어서 발도 형편없었다. 재형은 선원들이 왜 자신을 놀렸는지 이해가 되었다.

"어서 옷 벗어."

알렉세이가 무뚝뚝하게 말했다. 재형이 머뭇거리자 알렉세이는 재형의 옷을 벗겨 쓰레기통에 처넣었다.

"자, 여기 앉아 봐!"

알렉세이가 재형에게 동그란 나무 의자를 내밀었다. 목소리가 무척 위압적이어서 재형은 시키는 대로 의자에 앉지 않을 수 없었다. 알렉세이는 가위를 들고 재형에게 다가왔다. 재형은 바짝 긴장되어 의자에서 벌떡 일어섰다. 알렉세이가 재형을 의자에 억지로 앉히며 목소리를 높였다.

"앉으라니까! 머리에 이가 기어 다니잖아. 얼른 잘라버려야 해!"

재형은 창피했지만, 머리를 자른다는 말에 어찌해야 좋을지 몰라 두 손으로 머리를 감쌌다. 머리를 잘라도 될까. 할아버지도, 아버지도, 형도 상투를 틀었고, 지신허에 사는 조선 아이들은 모두 머리를 땋아 늘이고 다녔다. 그런데 머리를 잘라야 한다니, 재형은 이러지도 저러지도 못한 채 알렉세이의 눈치를 보았다. 알렉세이가 재형의 머리채를 잡더니 가위로 싹둑 잘라버렸다. 땋은 머리채가 풀리며 바닥에 후두두 떨어졌다. 그 순간, 재형의 가슴에서 뭔가가 싹둑 잘려 나간 것 같았다. 알렉세이는 잰 가위질로 남은 머리카락을 싹둑싹둑 잘라내며 중얼거렸다.

"서캐들이 알을 까면 다 이가 될 텐데, 아유, 어쩔 수 없다. 다 밀어 버려야겠이. 미리칼이 자릴 동안 모자 쓰고 나니년 뇌니까. 쯧쯧."

재형은 이제 알렉세이에게 머리를 맡길 수밖에 없었다. 이미 잘려 나간 머리칼을 다시 붙일 수도 없었다. 가위가 머리에 닿을 때마다 몸이 오싹오싹 움츠러들었다.

얼마 후 알렉세이가 다 되었다며 씻으라고 비누를 내밀었다. 향긋한 냄새가 났다.

재형은 그저 꿈을 꾸는 것 같았다. 봉준이를 만나겠다고 무작정 집을 나왔는데, 하마터면 만나기도 전에 굶어 죽었을지도 몰랐다. 선장 부부를 만난 것이 다행스러웠지만, 한편으론 머리칼을 잘리고 나니 불안감도 컸다. 앞으로 무슨 일을 시키려는 걸까. 혹시 형수보다 더 지독하게 구박하는 건 아닐까. 봉준이는 어디에 있을까.

하지만 재형은 선장을 만난 것을 다행으로 생각하기로 했다. 맘씨 좋은 선장을 만나지 않았다면, 지금쯤 포시에트 항구를 떠돌다 다시 쓰러졌을지도 모른다.

재형이 몸을 씻고 있는데 밖에서 알렉세이가 불렀다.

"자, 이제 그만 씻고 얼른 나와!"

재형이 목욕탕 밖으로 나오자 알렉세이가 새 옷을 가져다주었다. 수습선원이 입는 옷이라고 했다. 재형은 옷을 입었다. 옷이 커서 바지와 소매를 접어야 했다. 옷을 다 입고 나서 거울을 보았다. 거울에는 낯선 꼬마가 서 있었다. 재형은 자신의 달라진 모습을 보고 깜짝 놀랐다. 머리를 몽땅 깎아서 동자승처럼 보였다. 알렉세이가 재형 머리에 선원이 쓰는 모자를 씌워주었다. 그때 선장 부인이 다가와 재형을 보고 중얼거렸다.

"이제야 사람 꼴이 나는구나. 호호, 이렇게 귀여운 아이가 얼마나 고생을 했으면 그토록 끔찍한 몰골이었을까. 너 정말 집이 없니?"

재형은 고개를 끄덕였다.

"오! 가엾어라."

부인은 재형의 어깨를 다독거리며 말했다.

"얘야, 이제 내가 너를 보살펴 줄게. 우리랑 함께 살자."

재형은 선장 부인이 무척 따뜻하게 느껴졌다. 형수에게는 언제나 천덕꾸러기 같은 존재였는데, 자애로운 여자의 손길을 느끼니 문득 어머니가 그리웠다. 재형이 넋을 놓은 채 어머니 생각에 빠져 있는데 부인이 재형에게 물었다.

"얘야, 그런데 너 어디서 왔니? 중국에서 왔니?"

재형은 고개를 저었다.

"그럼 고향이 어디지?"

"조선에서 왔습니다."

"오, 그럼 까레이쯔!"

러시아 사람들은 조선 사람들을 까레이쯔라 불렀다. 재형은 그렇다고 고개를 끄덕였다.

"가엾은 까레이쯔! 배고프지? 감자수프와 빵을 준비했단다. 어서 이리와 먹으럼."

부인은 재형을 식당으로 데리고 갔다. 식탁에 감자수프와 까만 빵이 놓여 있었다. 입안에 군침이 고였다. 빵은 딱딱했지만 감자수프에 찍어 먹으니 꿀맛이었다. 부인은 재형이 허겁지겁 음식을 먹어치우는 걸 보고 빵을 하나 더 주었다. 재형은 배가 부를 정도로 음식을 먹어본 지가 언제인지 까마득했다.

"그동안 배가 많이 고팠구나. 까레이쯔, 이름이 뭐지?"

"최재형입니다."

부인이 재형의 이름을 몇 번 되뇌어보더니 말했다.

"발음이 어렵구나. 난 초이라고 부를게."

재형은 고개를 끄덕였다. 부인이 또 물었다.

"부모님은 어디 계시니?"

"어머니는 고향을 떠나기 전에 돌아가셨어요."

"오, 저런! 그럼 다른 식구는 어디 있지? 아버지는?"

재형은 선장에게 이미 집이 없다고 말했던 게 생각나 다시 고개만 저었다.

"떠돌아다니다가 식구들과 헤어진 모양이구나. 그렇지?"

재형은 집에서 뛰쳐나왔다고 하면 돌려보낼지도 모른다는 생각이 들어 얼른 고개를 끄덕였다.

"그래, 알았다. 앞으로 우리와 함께 살자."

재형은 부인의 말에 비로소 안심했다. 부인이 다시 말했다.

"초이. 내 이름은 나탈리나야. 앞으로 나를 부를 때는 나타샤라고 불러라."

재형은 어리둥절했다. 어른한테 이름을 부르라니. 더구나 여자 어른 이름을 어떻게. 재형은 아무 대답도 하지 못했다.

선장 이름은 세메노비츠라고 했다. 부인은 남편인 선장을 부를 때도 이름을 불렀다. 선장도 아내를 부를 때 나타샤라고 불렀다. 재형에겐 아주 낯선 광경이었다.

재형은 그날부터 나타샤를 도와 잔심부름을 했다. 식사를 준비할 때는 채소를 다듬었고, 감자수프 끓이는 날엔 감자 껍질을 벗겼다. 나타샤는 식탁에서 재형을 자기 옆에 앉혔다. 식사할 때마다 부부는 늘 기도했는데, 재형은 그 시간이 아주 낯설었다. 부부는 러시아 정교를 믿었다. 선장은 무뚝뚝한 편이었지만, 아내 나타샤를 무척 사랑했다. 아내를 위해 사는 사람처럼 보였다. 선장 부부에게는 아이가 없었다. 그래서 나타샤가 재형을 더 귀여워하는 것 같았다.

재형이 선장 집에서 지낸 지 며칠 후였다. 그날따라 아침 식사를 일찍 마쳤다. 나타샤가 재형을 불렀다.

"오늘은 일요일이야. 너도 우리와 함께 성모님을 만나러 가자."

나타샤가 재형에게 새 옷을 주며, 얼른 갈아입으라고 했다. 재형은 시키는 대로 옷을 갈아입고 모자를 썼다. 선장도 양복을 입었고, 나타샤도 나들이옷 차림새였다.

"우리 초이가 며칠 새 완전히 다른 사람이 되었어. 내 귀여운 초이. 자, 어서 가자."

재형은 선장 부부를 따라 생전 처음 러시아 정교회 성당에 갔다. 그곳은 선장 집과는 비교할 수 없이 굉장히 넓고 웅장했다. 벽은 흰색이었는데, 지붕에 커다란 양파를 올려놓은 것처럼 동그란 탑이 아침 햇살을 받아 반짝반짝 빛이 났다. 탑 위에는 십자가를 세워놓았다. 성당 안으로 들어가기 전에 남자들은 모자를 벗어야 했다. 재형은 세메노비츠 선장과 함께 모자를 벗어 손에 들었다. 여자들은 반대로 머리칼을 보이면 안 된다며 나타샤도 머리에 하얀 수건을 썼다.

성당 천장은 무척 높았다. 유리창마다 신비한 그림을 그려놓았다. 성당 안은 제단을 중심으로 온 벽과 천장에 그림이 그려져 있었는데, 사람들은 그림 앞에서 두 손을 모으고 기도를 올렸다.

재형은 그처럼 넓고 크고 높은 집을 본 일이 없었다. 고향에서 살 때는 주인집인 송 진사댁이 세상에서 가장 큰 집인 줄 알았다. 지신허에서 살았던 집도 집이라기보다는 움막에 가까웠다.

재형은 고향에서 보았던 천주학과 정교회가 비슷한 것 같아 조금 불안했다. 재형이 어렸을 때, 천주학을 몰래 믿다가 식구들 모두 잡혀간 집이 있었다. 천주학 때문에 잡혀가면 대부분 살아 돌아오지 못했다. 그러나 러시아에서는 많은 사람이 천주를 믿고 성모님에게

기도해도 괜찮은 모양이었다.

　재형은 예배가 끝날 때까지 조용히 있었다. 예배드리는 동안 사람들의 눈빛은 무척 선하게 보였다. 성가대가 부르는 노래는 처음 듣는 노래인데도, 마음이 저절로 평온해졌다.

　선장 부부는 일요일마다 정교회 성당에 나갔다. 그때마다 나타샤는 재형을 가장 멋지게 보이게 하려고 재형의 옷차림에 신경을 썼다. 성당에서 만나는 사람들에게 재형을 소개하고 인사시키는 일을 아주 기쁘게 여기는 것 같았다.

　재형은 날마다 아침이 되면 오늘은 무슨 일이 일어날까 설레었다. 꼬박꼬박 끼니를 챙겨 먹게 되니 까칠했던 살결에 윤기가 흐르고 얼굴도 살이 붙어 통통해졌다.

　선장은 배를 타고 세계 여러 나라를 돌아다니며 물건을 사고파는 상인이었다. 선장이 가진 배 이름은 빅토리아 호였다. 지금은 빅토리아 호를 수리하는 중인데, 수리가 다 끝나면 곧 먼 나라를 돌며 장사하기 위해 긴 항해를 떠난다고 했다.

　선장 부부는 포시에트 항구에서 배를 고치는 동안 모피를 많이 사 모았다. 시베리아 일대에서 얻은 모피는 질이 좋아서 다른 나라에 가면 비싼 값으로 팔 수 있다고 했다. 항해를 시작하면 보통 몇 달씩 걸리기 때문에 그동안 배에서 필요한 물건들을 사느라 선장 부부는 자주 시장에 갔고, 그때마다 재형도 함께 따라다녔다.

　어느 날 나타샤가 재형에게 말했다.

"초이, 너도 함께 배를 타고 세계를 돌아보자."

재형은 은근히 속으로 선장 부부가 항해를 떠나면 자신은 어찌해야 할지 궁금하던 차에 나타샤의 말이 얼마나 반가운지 몰랐다.

"저도 데려갈 거예요?"

나타샤가 재형의 머리를 쓰다듬으며 말했다.

"그럼, 당연하지. 넌 내 아들 같은걸."

"고맙습니다, 나타샤. 그런데 언제 돌아와요?"

"아마 반년쯤 걸릴 거야. 바닷길이 안 좋으면 더 오래 걸릴 수도 있어."

재형은 막상 떠날 때가 다가오자 여러 가지 걱정이 앞섰다. 봉준이는 어디 있을까. 봉준이처럼 돈을 벌겠다고 집을 뛰쳐나왔는데, 봉준이를 찾지도 못하고, 이제 머지않아 항해를 떠나 먼 나라를 돌게 된다고 생각하니, 불안한 게 한둘이 아니었다. 바다 위에서 몇 달 동안 살아가야 하는 것도 불안했고, 무사히 돌아와서 식구들을 다시 만날 수 있을지도 걱정되었다. 하지만 형수의 구박이 싫어서 집을 뛰쳐나온 마당에 집으로 다시 돌아가 형수와 마주치고 싶지는 않았다.

그래도 재형은 집에 돌아가서 아버지와 상의하고 떠나야 하는 게 아닐까 하는 생각이 들었다. 하지만 나타샤에게 사실대로 얘기해야 할지 말아야 할지 망설였다.

항해를 떠나기 며칠 전에 나타샤가 재형에게 물었다.

"초이, 너 요즘 무슨 고민 있니? 배 타는 것 때문에 그래? 어려워하지 말고 얘기해 봐. 초이, 넌 내 아들이나 다름없어."

 재형은 나타샤의 따뜻한 관심에 가슴이 뭉클했다. 자신을 아들처럼 여기는 나타샤를 속여서는 안 될 것 같았다. 재형은 그날 밤 나타샤에게 그동안 있었던 일들을 모두 털어놓았다.

2
흙비가 내리다

　재형은 함경북도 경원에서 태어났다. 할아버지와 아버지는 송 진사 댁 노비였다. 재형이 대여섯 살 되던 해부터 함경도 지방에 극심한 가뭄이 계속되었다. 겨우 죽 끓여먹을 정도만 남겨놓고 뿌린 곡식 씨앗은 싹을 내밀지 못하고 날짐승의 밥이 되었다. 겨우 새싹을 내밀어도 타는 듯한 땡볕에 그대로 말라죽었다. 가뭄으로 농작물이 말라 죽으니 굶는 사람들이 늘어나서 나라 전체에 민심이 흉흉했다.

　재형이 아홉 살 되던 해에는 엎친 데 덮친 격으로 늦은 봄에 난데없이 흙비가 내렸다. 흙비는 겨우 살아난 농작물 싹들을 한순간에 흙으로 뒤덮어 며칠 만에 새싹들이 모두 누렇게 말라죽었.

　깊은 산골 골짜기마다 층층으로 일구어 만든 손바닥만 한 밭에도 흙비가 내린 다음엔 마른 먼지만 풀썩풀썩 날렸다. 흙비 때문에 당장 먹을 물도 없었다. 지독한 가뭄은 물길을 말리고 다랑논 바닥에

쩍쩍 금을 그었다.

 백성은 임금을 원망했고, 임금은 하늘을 원망했다. 곳곳에서 기우제를 지냈으나 무심한 하늘은 햇볕만 쨍쨍 내리쬐었다. 여름이 되자 나무까지 잎이 말라 온 나라가 가쁜 숨을 몰아쉬듯 헉헉거렸다.

 칠석을 앞둔 어느 날, 여름 내내 타들어 가듯 뜨겁게 내리쬐던 해가 시커먼 구름에 가려졌다. 낮인지 밤인지 모를 정도로 천지가 어두워지더니 드디어 천둥과 번개가 세상을 뒤흔들었다. 뒤이어 하늘에 구멍이 뚫린 것처럼 장대비가 쏟아져 내렸다. 딱딱하게 굳은 땅에 폭포처럼 쏟아붓는 비는 금세 큰물이 되어 마을을 한순간에 휩쓸어 갔다.

 연일 계속되는 굶주림으로 죽음의 문턱에서 하루하루를 간신히 버티던 사람들은 일찍이 겪어보지 못했던 대홍수로 집도 절도 없는 떠돌이 신세가 되었다. 사나운 물길에 휩쓸려 죽은 사람도 헤아릴 수 없이 많았고, 살림살이마저 다 떠내려가 목숨이나마 붙어 있는 걸 기적으로 생각해야 했다.

 홍수가 지나가자 남도 지방에 콜레라가 발생하여 어느 고을에선 한 사람도 살아남지 못했다는 뒤숭숭한 소문이 퍼졌다. 한 달도 채 지나지 않아 함경도 지방에도 콜레라 환자가 생겼다. 처음엔 한두 집이더니 콜레라 환자가 이 동네 저 동네로 봄날 산불 번지듯 번져 나갔다.

 콜레라 환자는 설사를 심하게 하거나 토하다가 그대로 탈진했다.

오랫동안 가뭄에 시달리다 홍수까지 당한 송 진사댁 소작인들도 하루아침에 앓아누운 가족에게 미음 한술 떠 넣어주지 못한 채, 그저 죽어가는 모습을 멀거니 바라보는 수밖에 없었다.

경원 지방에서 내로라하는 송 진사댁의 대문은 점점 더 굳게 닫혔다. 소작인들이 기댈 곳은 송 진사네 곡간밖에 없었다. 콜레라 환자가 늘어나면 늘어날수록 송 진사네 대문 앞은 하루도 잠잠한 날이 없었다. 소작인들이 송 진사네로 몰려와 죽어가는 가족들에게 미음이라도 끓여 줄 수 있게, 곡간에 쌓아놓은 곡식을 좀 나눠달라고 아우성이었다.

그러나 송 진사는 죽어가는 소작인들을 모른 체했다. 그러자 소작인들은 송 진사댁 노비인 재형의 아버지를 붙잡고 송 진사를 설득하여 죽어가는 사람들을 살려달라고 매달렸다.

어머니는 밥을 남기고 누룽지를 모아 콜레라에 걸려 죽어가는 소작인들을 몰래 도왔다. 소작인들은 누룽지 한 줌만 있어도 며칠을 버틸 수 있었다. 아버지도 틈만 나면 송 진사에게 조심스럽게 말했다.

"대감마님, 소작인이 없으면 농사는 누가 짓겠습니까. 그들은 모두 한 식구입니다. 그들을 돌봐주셔야 합니다."

"허허, 세상이 어수선하니 노비가 주제를 모르고 감히 날뛰는구나. 입 닥쳐라."

"아이고, 대감마님, 이러시면 안 됩니다."

"열린 입이라고 함부로 놀리는구나. 안 되다니? 네가 나한테 호령이라도 할 셈이냐?"

아버지는 더는 말을 꺼내지 못하고 두 주먹으로 가슴만 쾅쾅 두드렸다.

콜레라 환자는 점점 늘어났고, 눈만 멀뚱멀뚱 뜬 채 죽어가는 사람을 지켜봐야 했다. 송 진사에 대한 소작인들의 원망이 하늘을 찔렀다.

'사람이 죽어 나가는데 곡식을 쌓아두고도 모른 체하다니.'
'하늘도 무심하지. 송 진사 같은 수전노에게 천벌을 안 내리고.'
'내년부터 송 진사네 농사를 짓느니 내 손을 잘라버리겠어.'

재형의 어머니는 탐관오리의 횡포로 빚을 갚지 못해 기생으로 팔려간 적이 있었다. 어릴 때부터 가진 자들이 부리는 횡포를 겪었던 어머니는 어렵게 사는 소작인들의 아픔을 누구보다 잘 알았다. 어머니는 끼니를 줄이고 아껴서 송 진사 몰래 콜레라 환자가 있는 집을 조심조심 드나들었다.

그러던 어느 날이었다. 어머니가 심하게 아프기 시작했다. 끝내는 콜레라에 걸리고 만 것이다. 송 진사는 어머니가 콜레라 환자인 걸 알게 되자, 어머니를 집에서 당장 내치라고 아버지에게 호통을 쳤다. 아버지가 아무리 사정해도 송 진사는 눈 하나 깜짝 안 했다.

결국 아무렇게나 버려진 외딴 산막에 어머니를 내쳤다. 송 진사는 집 안에 콜레라가 옮으면 모두 끝이라며 아버지를 어머니 곁에 얼씬도 못 하게 했다. 어머니는 제대로 치료도 받지 못한 채 세상을 떠나고 말았다.

아버지는 송 진사가 매정하게 어머니를 내쳐 죽음에 이르게 하자 그동안 주인으로 모시며 바쳤던 충성심에 마침표를 찍었다. 그때부터 아버지는 소작인들과 뜻을 같이했다. 소작인들의 분노는 한계에 다다랐고, 아버지도 소작인들과 하나가 되어 송 진사의 곡간을 부수기로 했다.

어느 날 밤, 아버지는 할아버지와 형수 내외와 재형을 어머니가 마지막으로 머물렀던 산막으로 가 있게 하고 밤늦도록 소작인들을 기다렸다. 드디어 소작인들이 송 진사네로 벌떼처럼 몰려왔다. 아버지는 대문을 활짝 열어준 다음 산막으로 뛰어와 깜깜한 밤길을 걸어 고향을 등졌다.

아버지는 송 진사가 사람을 풀어 뒤쫓을지도 모른다며 외진 길로만 걷고 또 걸었다. 다음 날, 드디어 두만강 가에 다다랐을 때였다. 불그스름한 해가 강 건너편으로 지고 저녁 어스름이 내렸다. 형수가 아버지에게 물었다.

"아버님, 도대체 어디로 가는 거예요? 저는 더 못 걷겠어요."

아버지가 강가에 주저앉은 형수에게 말했다.

"우린 아라사로 갈 거다."

형수가 화들짝 놀라 물었다.

"예? 그럼 조선을 떠나는 거예요? 월경죄로 붙잡히면 효수를 당한다던데요."

"붙잡히지 않으려고 밤길을 걷고 있지 않느냐?"

"그럼 언제 돌아와요?"

형수의 물음에 아버지가 혀를 쯧쯧 차며 대답했다.

"돌아올 길이라면 좋겠구나."

형수가 뒷걸음질하면서 머뭇거렸다.

"아버님, 전 가기 싫어요."

아버지가 형수에게 엄숙한 목소리로 말했다.

"나는 내 손자들까지 노비로 살게 하기 싫구나. 아라사에서 태어나는 내 손자는 자유인이야. 하지만 조선 땅에서 태어나면 노비로 살아야 한다. 선택의 여지가 없어. 우린 고향에 돌아가도 송 진사의 손에서 살아남기 어렵고, 강을 건너다 잡히면 월경죄로 목을 내놓아야 한다. 그러니 무조건 강을 건너 아라사로 가야 해. 어서 걸어라."

아버지 말에 형이 형수의 손을 잡아끌었다. 아버지는 두만강 강물에 발을 들여놓으며 저벅저벅 걷기 시작했다. 재형은 할아버지 손을 잡고 그 뒤를 따랐다. 몇 년 동안 극심했던 가뭄 때문인지 홍수가 난 뒤였는데도 강물은 그리 깊지 않았다.

3
끝없이 너른 벌판

드디어 두만강을 건넜다. 아버지는 젖은 옷을 갈아입자마자 쉴 틈도 주지 않고 바삐 서둘렀다.

"여기가 아라사 땅이지만 아직은 안심할 수 없어. 이곳까지 군사를 풀어서 국경을 넘은 사람들을 잡아간다니 동북쪽으로 더 깊숙이 들어가야 해. 어서 봉준이네를 찾아야 하는데."

봉준이는 재형보다 두 살 많은 이웃동네 형이었다. 봉준이네도 송진사의 소작인이었는데 아라사로 떠난 지 3년이 지났다. 떠도는 소문에 봉준이네가 아라사에서 자리 잡고 잘 산다고 했다. 아버지는 봉준이네를 믿고 찾아가는 길이었다. 재형은 다리가 아팠지만 무거운 짐을 지지 않은 것만도 다행이었다. 아버지는 지게에 살림 도구를 짊어졌고, 형은 이불 보따리를 졌다. 형수는 머리에 옷 보따리를 이고 걸었다. 재형과 할아버지는 양손에 가벼운 짐을 들어서 그나마 발걸음이 가벼웠다.

가족이 강을 건넌 후부터 끝없이 너른 벌판이 계속 이어졌다. 산속에서 자란 재형은 이렇게 넓은 땅이 세상에 있다는 게 신기하기만 했다. 경원 땅에서는 눈만 뜨면 깎아지른 듯한 산봉우리와 마주했는데, 이곳은 지평선이 아득했다. 그래서 더 지루했다. 배가 고파 쓰러질 것 같으면, 잠시 길가에 앉아 조밥을 꺼내 먹고 다시 걷고 또 걸었다.

어느덧 해가 넘어가고 점점 어두워지기 시작했다. 아버지는 언덕 아래 아늑하게 들어간 곳에 짐을 내려놓았다. 아버지와 형이 풀들을 눕혀 하룻밤 몸을 누일 잠자리를 만들었다. 마른 풀을 깔고, 짐 보따리 속에서 이불을 꺼내 덮었지만, 거칠 것 없는 들판을 달려온 밤바람은 사정없이 살 속까지 파고들었다.

"할아버지, 추워서 잠이 오지 않아요."

"이리 가까이 오너라. 체온이 난로야."

재형은 할아버지 품으로 파고들었다. 그래도 추웠다.

"이 땅은 임자가 없어요?"

"그래. 비어 있는 땅이라고 들었다. 오래 전부터 함경도 지방에 사는 사람들이 강을 건너 이곳까지 와서 계절농사를 지었다고 하더구나. 지금은 아라사 땅이란다. 아라사에서는 이곳에 와서 농사를 짓는다면 조선인이라도 살 수 있게 해준다니 얼마나 다행이냐. 그래도 먼저 봉준이네를 찾아야 할 텐데 큰일이구나."

재형은 할아버지의 따뜻한 품에서 잠속으로 빠져들었다.

이튿날 새벽, 재형은 추워서 눈을 떴다. 할아버지와 아버지가 벌써 일어나서 사방을 살피고 있었다. 형수와 형도 오들오들 떨며 자리에서 일어났다.

"오늘은 사람을 만나야 할 텐데 큰일이구나. 빈 초막이라도 서리 피할 곳을 찾아야겠다. 간밤에 서리가 많이 내렸어."

할아버지 말대로 서리가 내려서 더 추웠던 것 같았다. 가족은 마른 식량으로 간단히 요기하고 짐을 챙겨 또 걷기 시작했다. 아무리 걸어도 지평선은 끝이 보이지 않았다.

걷고 쉬고 또 걷고 쉬면서 두만강을 건넌 지 사흘째 되는 날이었다. 앞서 걷던 아버지가 낮은 언덕을 넘자마자 소리쳤다.

"아버님, 저기 사람 사는 집이 보입니다. 드디어 다 왔나 봐요."

아버지 말에 모두 걸음이 빨라졌다. 드디어 움막 같은 집들이 보였다. 아버지의 예상대로 조선에서 강을 건너와 터를 잡은 사람들이었다. 마을 이름은 지신허라고 했다. 지신허는 야트막한 언덕을 뒤로하고 있어서 아늑해 보였다. 집들은 다 합쳐서 열서너 가구쯤 되는 것 같았다.

사람들이 사는 집은 돼지우리처럼 방과 부엌의 구분도 없이 달랑 한 칸뿐이었다. 가느다란 나뭇가지로 엮은 발을 늘어뜨려 문으로 사용했는데, 돼지우리나 외양간보다도 더 누추했다.

아버지가 사람들에게 물었다.

"함경도 경원 땅에서 온 최명학을 찾습니다. 봉준이라는 아들을 데리고 왔을 거요."

"아, 최 영감은 오래전에 이 동네를 떠났소."

어떤 사람의 대답에 아버지가 깜짝 놀라 물었다.

"예? 어디로 말입니까. 우린 봉준이네를 찾아 먼 길을 왔습니다."

"우리도 다 조선에서 강을 건너온 사람들이오. 봉준이네는 3년 전에 여기를 떠났는데 아직 소식을 모릅니다."

아버지는 그 말을 듣고 어찌해야 할지 한동안 망설였다. 사람들이 다시 아버지에게 말했다.

"이곳에서 살기 힘들다고 청나라 배를 빌려 타고 추풍으로 떠난 사람들이 꽤 있었소. 하지만 추풍에 닿기도 전에 배가 암초에 부딪혀서 수십 명이 물귀신이 되고 말았다는 얘길 들었소. 늪이 있어 지리를 모르고 무작정 나섰다가는 곤란을 겪을 수도 있고 독충도 많다오. 그러니 우선 여기서 러시아 군인들이 거처하던 토굴을 찾아 지내보는 게 어떻겠소? 여기까지 오느라 이미 많이 지쳤을 텐데, 또다시 잘 모르는 낯선 곳으로 떠나는 건 아주 위험한 일이오."

"알겠습니다. 그럼 그 토굴은 어디 가면 찾을 수 있을까요?"

아버지 또래의 어른이 길을 안내했다. 무성한 풀이 토굴 앞을 가리고 있어서 언뜻 보아선 그냥 나무 덤불 같았다.

"뱀이나 독충이 있을지 모르니 우선 불을 놓아 덤불부터 태우고 거처할 수 있게 꾸며야 할 거요."

아버지는 짐을 내려놓자마자 고맙다고 인사부터 했다. 먼저 온 조선 사람들이 아버지를 도와 풀을 걷어내기 시작했다.

형수는 이런 곳에서 어떻게 살 수 있느냐며 툴툴거렸다.

"첫술에 배 불릴 생각은 버려라. 이제부터 시작이야. 우리가 일한 만큼 우리 땅이 되는 게디. 땅은 우리에게 거짓말을 하지 않아."

아버지는 형과 함께 토굴을 더 깊이 파고 마른 풀을 깔았다. 위에는 나뭇가지를 얹어 지붕을 만들었다. 흙을 개어 벽을 다듬고 화덕을 걸어 먹을 것부터 끓였다.

며칠 후부터 아버지와 형은 겨울이 오기 전에 밭을 일구어야 한다며 새벽부터 밤늦게까지 땅을 파고 돌을 골라냈다. 어머니를 잃고 난 후, 아버지의 얼굴에 처음으로 생기가 도는 것 같았다. 노비에서 벗어나 비로소 자유를 얻은 삶이라서 그럴까. 아니면 내 땅을 가질 수 있다는 희망을 품게 되어서일까. 아버지는 오로지 주인만을 위해서 살았던 노비의 끈을 끊고, 낯선 땅에서 처음으로 자신이 주인이 되어 사는 게 다시 태어난 것처럼 기쁘다고 했다.

극심한 가뭄과 홍수를 겪지 않았다면 아버지는 평생 노비로 살았을지도 몰랐다. 아내를 콜레라로 먼저 떠나보내고 나서야 노비로 태어난 자신의 팔자를 원망했다. 두 아들마저 노비로 살게 하지 않겠다는 아버지의 결심이 강을 건너게 했다. 이제 새로운 땅에서 새로운 삶을 시작한다는 각오가 아버지를 더 강하게 만드는 것 같았다. 재형은 할아버지와 함께 아버지와 형이 일군 밭에서 온종일 자갈돌을 주워냈다.

첫해 겨울은 고향에서 가져온 조와 옥수수 가루로 굶어 죽지 않을 만큼만 먹고 버텼다. 강을 건너온 조선 사람 중에 겨울을 견뎌내지 못하고 굶어 죽은 사람들도 꽤 된다고 했다.

연해주의 군무지사는 조선 사람들이 굶어 죽는 걸 보다 못해 비상식량으로 보관하던 보리와 밀가루를 풀어서 나눠주었다. 하지만 굶주림을 해결하기에는 턱없이 부족했다. 조선 사람들은 먹을 것이 없어 낯선 땅에서 굶어 죽을지언정, 다시 고향으로 돌아갈 수가 없었다. 어차피 돌아가도 월경죄로 죽을 수밖에 없었기 때문이다.

조선에선 함경도 경원 지방의 겨울이 최고로 춥다고 알았던 재형은 만주 벌판의 혹독한 겨울을 견뎌내기가 힘들었다. 한겨울 동안 지붕 높이만큼 쌓인 눈은 이듬해 5월이 되어서야 녹았다. 아버지는 눈이 녹기가 무섭게 꼭두새벽부터 들판에 나가 땅과 씨름했다. 굶어 죽지 않으려면 몸이 부서져라 땅을 일구고 씨앗을 뿌려 열심히 가꾸어야 했다.

아버지는 밭을 일구고 우물을 파고, 곡식을 찧는 연자방아도 만들었다. 아버지의 손톱은 닳고 닳아 자를 필요가 없었다. 아버지는 형이 일을 열심히 하지 않는다며 걱정했다. 재형은 아버지와 형이 밭을 일구며 파낸 돌을 밭둑으로 옮겼다. 할아버지는 재형이 옮겨온 돌들을 밭둑에 쌓았다. 아버지는 땀을 뻘뻘 흘리면서도 얼굴엔 만족한 웃음이 넘쳐났다.

이듬해에는 더 넓은 밭에 씨를 뿌릴 수 있었다. 씨앗을 뿌린 날 저녁, 아버지는 식구들 앞에서 재형을 불러 앉혔다.

"모두 잘 버텨줘서 어느새 두 해째 씨앗을 뿌렸구나. 올해는 작년보다 더 많이 수확하기 위해 더 열심히 노력하자. 힘들어도 참고 우리 땅을 점점 넓혀 나가야지. 그리고 올해는 재형이 니를 학교에 보내려고 한다."

재형은 아버지의 말에 깜짝 놀랐다.

"학교가 어디 있는데요?"

재형의 물음에 형과 형수도 두 눈을 동그랗게 뜨고 아버지를 쳐다보았다.

"아라사에 사는 조선 사람들도 배워야 한다며 학교를 열었다는구나. 이 동네에서는 재형이가 첫 학생이 될 테니, 아비 말 명심하고 학교에 가서 열심히 글을 배우도록 해라."

재형은 아버지의 말에 궁금한 게 한둘이 아니었다.

"아버지, 아라사 학교에 조선 선생님이 있어요?"

아버지가 천천히 고개를 저었다.

"아라사 땅에서 살아가려면 아라사 사람한테 아라사 말을 배워야지."

형수가 아버지 말에 얼른 끼어들었다.

"아버님, 식량도 별로 없어요. 온 식구가 매달려 일해도 일손이 부족한데……."

형수 말을 듣고 할아버지가 말했다.

"재형이는 학교에 다녀와서 더 열심히 일하거라. 새로운 세상에서 살아가려면 배워야 한다. 암, 농사를 지어도 배워야지. 아라사 말도 배우고, 세상 살아가는 지혜도 열심히 배우거라."

할아버지와 아버지는 새 세상을 꿈꾸는 게 역력히 보였다. 재형은 아버지의 결심이 얼마나 단단한지 무조건 따라야겠다고 생각했다.

그 무렵 조선 사람들이 많이 사는 지신허와 얀치헤에 러시아 정교회에서 운영하는 학교가 생겼다. 러시아 정부에선 러시아 땅에 사는 사람이라면 러시아 교육을 받아야 한다며 조선 아이들도 학교에 보내게 했고, 아버지는 재형을 학교에 보내기로 한 것이다.

다음 날 재형은 아버지와 함께 집에서 십여 리쯤 떨어진 학교에 갔다. 학교는 러시아 정교회 옆에 있었다. 대부분 중국 아이들과 러시아 아이들이었고, 재형은 조선인 첫 학생이었다.

첫날이라 입학 절차를 밟고 선생님과 인사만 했다. 선생님은 정교회 수도사였는데, 둥그런 검은 모자를 쓰고 수염을 길게 기르고 있었다. 옷도 검은색이었는데, 가슴에는 정교회 휘장이 달려 있었다. 선생님의 이름은 니콜라이라고 했다.

재형은 다음 날부터 학교에 가기로 하고 아버지와 집으로 돌아왔다. 집까지 걸어서 돌아오는 동안, 아버지는 혼자서 학교에 다니려면 길을 잘 익혀야 한다며 길눈이 될 만한 나무와 지형을 자세하게 알려 주었다.

이튿날부터 재형은 혼자서 학교에 갔다. 첫날부터 러시아말을 배우기 시작했다. 니콜라이 선생님은 입 모양을 따라 하라며 마치 말을 막 배우기 시작한 어린아이에게 가르치듯 러시아말을 가르쳐 주었다. 학교에서 러시아말을 배우면서 '아라사'라고 불렸던 나라 이름이 러시아라는 것도 알게 되었다.

형수는 재형이 학교에 들어가고 난 후부터 재형을 심하게 구박했다. 재형은 형수를 이해하려고 노력했다. 하지만 형수는 식구들만 없으면 재형을 아무렇게나 대했다. 밥도 어른들에게만 한 그릇씩 주고, 재형은 일하지 않으니 아깝다며 아주 조금만 주었다.

아침마다 밥을 먹고 학교에 가야 하는데, 형수는 재형에게 밥은커녕 누룽지도 아깝다며 아침을 차려줄 생각조차 하지 않았다. 재형은 누룽지로 겨우 끼니를 때우고 학교 가는 날이 많았다. 학교에서도 늘 배가 고파 힘이 없었다.

여름으로 접어들 무렵, 형수는 아들을 낳았다. 그 후부터 형수는 재형을 더 귀찮아했다.

"일하기 싫으면 애라도 봐. 우리 형편에 공부는 해서 뭐해? 밥 먹고 싶으면 학교 가지 말고 일하란 말이야! 일!"

재형은 형수와 싸우기 싫어 밥을 못 먹고 학교에 갈 때도 잦았다. 형수가 구박하면 할수록 이를 악물고 공부했다. 하지만 굶기를 밥 먹듯 하니 어떤 날은 하늘이 빙빙 돌고 노랗게 보이기도 했다. 그런 날은 허기져서 길가에서 한참 동안 쉬었다 집에 올 때도 있었다.

하루는 학교에서 돌아오는 길이었다. 어디선가 북소리가 들렸다.

어느 집에서 굿을 하는지 음식냄새가 솔솔 풍겨 왔다. 자신도 모르게 발걸음이 저절로 냄새가 나는 곳으로 향했다. 재형의 짐작대로 마을 외딴 집에서 굿판이 벌어져 사람들이 웅성거리고 있었다. 재형은 날이 저무는 줄도 모르고 굿이 끝나기를 기다렸다가 떡을 얻어먹었다. 얼마 만에 맛보는 떡인지, 늘 허기지던 재형은 보약이라도 먹은 기분이었다. 떡을 얻어먹고 나서야 형수한테 또 잔소리를 들을 일이 걱정되었다.

아니나 다를까. 집에 오자마자 형수가 또 야단을 쳤다.

"어딜 갔다 이제 오는 거야? 일하지 않는 날은 밥 먹을 생각도 하지 마. 오늘은 밥 없어."

형수의 꾸지람을 들으면서도 떡을 얻어먹었기에 재형은 별로 기분이 나쁘지 않았다. 형수는 재형이 배고파하지 않는 걸 이상하게 여기며 더 야단을 쳤다. 재형은 잔소리가 듣기 싫어 얼른 밭으로 나갔다. 형이 재형을 보자마자 돌무더기를 가리키며 화를 냈다.

"어디 갔다가 이제 오는 거야? 저 돌을 다 주워내야 하는데……."

재형은 아무 말도 하지 않고 밭고랑에 쌓인 돌을 밭둑으로 날랐다. 할아버지가 재형을 보며 물었다.

"공부는 잘하고 있지?"

재형은 할아버지의 말에 갑자기 서러워서 눈물이 나왔다. 문득 어머니가 그리웠다. 어머니가 살아 있다면 형도 형수도 재형을 함부로 대하지 않았을 것이다. 아무리 양식이 모자라도 그렇지, 하나뿐인 시

동생이 왜 그리 미울까. 재형은 서러운 생각에 자꾸 눈물이 나왔다. 삼태기에 돌을 주워 나르는데 떡 먹은 힘은 어디로 갔는지 눈물이 어려서 앞이 잘 보이지 않아 자꾸만 비틀거렸다. 형이 그런 재형을 보고 호통을 쳤다.

"사내 녀석이 그것도 못 들고 뭐하는 거야? 얼른 똑바로 못해!"

재형은 그 순간 형수보다 형이 더 야속했다. 형수가 재형을 구박하니까 형도 닮아가는 것 같았다.

"형수가 밥을 안 주잖아. 먹어야 기운을 쓰지?"

재형의 말에 형이 험악하게 눈을 흘겼다. 재형은 얼른 고개를 돌렸다. 할아버지가 돌을 쌓으며 말했다.

"형제간이 제일이다. 싸우지들 말아라. 재형이 너는 형한테 대들지 말고, 큰애 너도 하나뿐인 동생을 아껴야지. 쯧쯧."

재형은 할아버지나 아버지에게 형수가 자신을 심하게 구박한다고 일러바치고 싶지 않았다. 그러면 형수가 더 구박할 것 같았다.

재형은 점점 더 집이 싫어졌다. 들판을 쏘다니는 게 더 좋았다. 집에서 형수와 마주치는 것보다 드넓은 들판을 바람처럼 달리면 가슴이 확 트이는 것 같았다. 달리다가 숨이 차면 풀숲에서 개구리나 뱀을 잡았다. 형수는 재형을 점점 더 미워했다.

"도대체 언제 철이 들 거니? 응? 지금 네가 어린애처럼 개구리나 잡으러 다닐 때야? 빨리 와서 일해야 할 거 아냐? 일을!"

재형은 형수의 잔소리가 듣기 싫어 미칠 것 같았다.

러시아말과 글을 조금씩 배우기 시작하면서 재형은 러시아 책을 읽기 시작했다. 글씨가 많은 책은 어려웠지만, 그림과 글이 적당히 있는 그림책은 읽기가 쉽고 재미도 있었다. 신비한 러시아 그림책들을 보면서 상상의 나라로 빠져들었다. 러시아 옛이야기들이 재미있어서 몇 번이나 읽고 또 읽었다. 학교 책을 빌려오기도 했다. 재형은 학교에서 돌아오면서 한적한 길에 앉아 시간 가는 줄 모르고 책을 읽다가 집에 늦게 올 때도 있었다. 그런 날은 학교에서 늦게 왔다고 형수에게 혼이 나기 일쑤였고, 저녁을 주지 않아서 굶어야 했다.

재형은 학교에 다니면서 처음으로 세계지도를 보면서 러시아의 영토가 얼마나 광대한지도 알았고, 세상에 얼마나 많은 나라가 있는지도 알게 되었다. 조선은 러시아 땅에 비하면 손바닥 전체에서 새끼손톱보다도 작은 나라라는 것도 알게 되었다. 게다가 재형이 사는 지신허는 러시아 땅 한 귀퉁이에 찍힌 점 같은 곳이었다.

재형은 역사 시간에 지신허 일대가 발해 땅이었다는 사실도 배우게 되었다. 발해가 옛날 우리 조상이 다스렸던 나라라는 사실을 알았을 때는 가슴이 울렁거렸다.

재형은 알면 알수록 더 열심히 공부해서 드넓은 세상 곳곳을 돌아보고 싶었다. 아버지는 노비 신분에서 벗어나 새로운 땅의 주인이 되는 게 삶의 목표라고 했지만, 재형은 세상이 얼마나 넓은지, 어떤 사람들이 어떻게 살고 있는지, 그런 것들이 점점 궁금해지기 시작했다.

책을 읽기 시작하면서 점점 더 새로운 책이 읽고 싶었다. 학교에 있는 책들은 거의 다 읽었기 때문이다. 재형처럼 책을 좋아하는 러시아 친구가 있었다. 그 친구 이름은 아나톨리였는데, 재형과 서로 읽은 책 이야기를 많이 하면서 더 친해졌다. 아나톨리네 집에는 책이 많았다. 어느 날인가부터 재형은 아나톨리에게 책을 빌려 보기 시작했다. 책을 읽다 보니 러시아말도 저절로 늘었다.

　겨울철에는 농사일을 하지 않으니 책을 많이 읽을 수 있었다. 재형은 눈이 쌓여도 눈길을 헤치며 학교에 갔다. 설피를 신고 눈길을 걸어 다녔는데, 신발은커녕 양말도 없어서 짚단을 들고 다녔다. 맨발로 걷다가 발이 너무 시려 떨어져 나갈 것 같으면 짚단 속에 발을 파묻고 한참을 주물러준 다음 다시 걸었다. 니콜라이 선생님은 재형이 짚단을 가지고 학교에 오는 이유를 알고는 놀라워하며 재형의 열심과 끈기를 칭찬해주었다.

　이듬해 봄, 재형은 2학년이 되었다. 재형은 중국 아이들보다 뛰어나게 공부를 잘했다. 그것은 순전히 책을 많이 읽은 덕분이었다. 러시아 그림책과 동화책들은 재형을 새롭고 신비한 세상으로 안내했다.

　여름방학을 앞둔 어느 월요일 날이었다. 재형은 아나톨리에게 빌린 책을 토요일과 일요일에 모두 다 읽고, 월요일에 아나톨리에게 돌려주면서 또 빌리고 싶었다. 아나톨리가 다음 날 가져오겠다고 했지만, 재형은 하룻밤도 기다리기 싫을 만큼 다른 책이 읽고 싶었다.

　아나톨리가 재형의 마음을 알고 책을 빌려주겠다며 자기 집에 가자고 했다. 재형은 형수가 늦게 왔다고 난리 칠 걸 알면서도, 책 욕심 때문에 아나톨리를 따라갔다.

　재형은 처음으로 러시아 사람이 사는 집에 가 보았다. 아나톨리가 사는 동네는 조선 사람들이 사는 지신허와는 비교할 수 없는 다른 세상이었다. 아나톨리 집에는 가구와 장식품이 많았고, 책도 많았다. 벽에는 멋진 그림이 액자에 담겨 걸려 있었다.

　재형은 아나톨리에게 책을 빌려서 집으로 향했다. 재형은 형수 잔소리를 들을 생각에 가슴이 조마조마했지만, 책을 빌린 기쁨이 더 컸다.

4
가출

집에 도착하자마자 형수가 기다렸다는 듯이 재형을 몰아세웠다.

"일하기 싫어서 또 늦게 온 거지? 오늘 저녁은 먹을 생각도 하지 마!"

재형은 아나톨리네서 간식을 먹은 지라 밥을 주지 않겠다는 형수에게 더 반항심이 생겼다.

"줘도 안 먹어요. 도대체 형수는 나를 왜 그렇게 미워하는 거예요?"

형수가 재형에게 눈을 부릅뜨며 소리쳤다.

"왜라니? 몰라서 물어? 우리 집에서 놀고먹는 사람은 너뿐이야. 학교에 다니면 밥이 나와, 국이 나와? 잔소리 듣기 싫으면 밭에 나가서 일하든가, 일하기 싫으면 돈을 벌어오든가. 만날 공밥 먹으면서 감히 나한테 대들어? 봉준이는 벌써부터 돈을 번대. 내일부터 네 밥은 아예 없을 줄 알아!"

재형은 봉준이란 말에 깜짝 놀랐다.

"봉준이 형을 만났어요?"

"그래. 봉준이는 아라사 상인 집에 취직해서 돈을 벌어 쌀도 사온 다는데, 너는 뭐야? 걔처럼 돈이나 벌지. 학교는 무슨 학교야!"

재형은 봉준이가 무슨 일을 해서 돈을 버는지 궁금했다. 툭하면 밥을 안 주겠다는 형수가 정말 싫었다. 그럴수록 어머니가 더 그리웠다. 어머니가 살아 계셨다면 자신도 귀여움을 받으며 학교에 다닐 수 있었을 텐데. 형수는 어른들만 없으면 재형을 천덕꾸러기로 취급했다. 재형은 형수 말을 듣고 싶지 않아 방 안에서 나오지도 않고 아나톨리한테 빌려온 책을 읽기 시작했다.

"빨리 일하러 나가지 않고 뭐해? 정말 내 말 안 들을 거야?"

형수가 방문을 열어젖히고 금세 달려들 기세로 재형을 몰아세웠다. 재형은 할 수 없이 읽던 책을 덮어놓고 밭으로 나갔다. 흙투성이가 되어 일만 하는 아버지를 보니 재형의 마음이 더 쓸쓸해졌다. 왜 조선 사람들은 이렇게 가난하게 살아야 할까. 지신허에 사는 사람들은 날이 밝자마자 온종일 밭을 일구고 엎드려 일만 했다. 그런데도 배불리 먹지도 못했다. 차림새도 러시아 사람과는 비교도 할 수 없이 초라했다. 틀어 올린 상투는 먼지와 흙으로 범벅이었고, 옷은 입으나마나 할 정도로 다 헤져서 너덜너덜한 넝마조각을 걸친 것 같았다.

재형은 아나톨리 부모님의 모습이 자꾸만 떠올랐다. 멋진 모자를 쓰고 장식 달린 옷을 입은 아나톨리 아버지는 송 진사보다 훨씬 멋져 보였다. 아나톨리 어머니는 긴 치마를 입고, 그 위에 화려한 무늬

와 장식들이 달린 옷을 걸치고 있었다. 그들은 책 속에 나오는 러시아 귀족 같았다. 재형은 날마다 허리를 펼 새 없이 땅에 파묻혀 살기는 싫었다.

밭에 나가니 형이 또 버럭 화를 냈다.

"너는 또 어디 갔다가 이제 오는 거야?"

"책을 빌리러 친구 집에 갔다가 늦었어."

"뭐? 학교에서 공부하면 되지, 무슨 책이 더 필요해?"

재형은 형이 야속해서 아무 대답도 하지 않았다. 그때 잠깐 허리를 펴고 쉬던 아버지가 형에게 말했다.

"책 빌리러 갔다고 하지 않느냐? 책을 살 수 없으니 빌려서라도 봐야지."

형이 아버지에게 퉁명스럽게 말했다.

"아버지, 저 자식은 뭐 특별해요? 같은 아들인데, 나는 죽어라 일만 하고 재형이는 놀고먹는데. 에이, 나도 학교나 다니며 놀았으면."

아버지가 툴툴거리는 형에게 말했다.

"공부는 다 때가 있는 법이다. 큰애 너는 애아범이야. 재형이는 아직 어린애다. 저 어린 게 일을 하면 얼마나 하겠느냐? 동기간이 너희 둘밖에 더 있어? 네가 못 배웠으면 동생이라도 배울 수 있도록 돕는 게 형제간의 우애야. 우리는 노비로 살았어. 배우고 싶어도 배울 기회가 없었다. 이 땅에서는 자유롭게 살아야 해. 우리 집안에도 배운 사람이 필요할 게다. 재형아, 너는 열심히 공부해서 앞으로 네 형을 돕는 사람이 되어야 한다. 알겠느냐?"

재형은 아버지 말에 코끝이 찡했다. 집으로 돌아와 저녁을 먹는데 형수는 어른들만 밥을 주었고, 재형의 밥그릇엔 눌은밥이 조금 들어 있었다. 할아버지가 밥을 한술 떠서 재형의 밥그릇에 말아주었다. 재형은 수저를 놓자마자 방으로 들어왔다. 그런데 빌려온 책이 보이지 않았다. 재형은 깜짝 놀라서 형수에게 물었다.

"아까 읽던 책 어디 있어요?"

형수는 재형의 눈을 피하며 퉁명스럽게 말했다.

"내가 어떻게 알아? 바빠 죽겠는데 그걸 왜 나한테 물어?"

재형은 방 안을 샅샅이 뒤졌다. 그래도 책이 보이지 않았다. 다 읽지도 못했지만, 그보다 빌려온 책이라 없어졌을까 봐 더 걱정되었다. 그러나 형수와 형 앞에서 책이 없어졌다고 말하기도 눈치가 보였다. 재형은 밤새 고민이 되어 잠을 설쳤다.

이튿날 새벽, 아버지가 일을 나가면서 자는 재형에게 말했다.

"어서 일어나서 밥 먹고 학교에 늦지 않게 가거라."

재형은 잠결에 대답하고 다시 눈을 붙였다. 조카가 우는 소리에 눈을 떴다. 일어나 보니 어른들은 벌써 밭에 나가고 집에는 형수와 조카만 있었다. 그런데 조카가 재형이 빌려온 책을 찢으며 놀고 있었다. 이미 두서너 장이 찢겨 있었다. 재형은 깜짝 놀라 조카에게서 책을 빼앗았다. 조카가 자지러지게 울었다.

"책을 아이한테 주면 어떡해요? 빌려온 책인데 이렇게 찢어졌으니 어쩌면 좋아? 형수, 정말 너무해요."

재형은 너무 화가 나서 식식거리며 형수에게 소리쳤다.

"밥이나 빨리 줘요!"

"놀고먹는 너한테 줄 밥이 어디 있어? 자, 이거나 마서! 너한테는 이 숭늉도 아까워!"

형수가 멀건 숭늉을 재형의 코앞에 던지듯 툭 놓았다. 형수의 거친 손길에 숭늉이 그릇 밖으로 넘쳐흘러 버렸다. 재형은 그 순간 속에서 분이 부글부글 끓었다. 빌려온 책이 찢어져서 가뜩이나 속상했는데 더는 참을 수가 없었다.

"정말 너무해. 형수나 다 마셔요!"

재형은 형수에게 숭늉 그릇을 냅다 집어던지고 집을 뛰쳐나왔다. 형수가 숭늉을 뒤집어쓰고 재형에게 소리치며 쫓아왔다.

"가만두지 않을 테야. 거기 안 서?"

그때 조카가 울면서 형수를 따라왔다. 형수는 조카를 달래며 재형에게 어딜 가느냐고 소리쳤다.

재형은 학교로 가는 길과 반대 방향으로 뛰었다. 그쪽으로 가면 바다가 있다고 사람들이 말하는 걸 들은 적이 있었다.

'이대로 집을 나갈 거야. 아버지에게는 죄송하지만 형수 때문에 더는 견딜 수 없어. 바닷가에 가면 일자리가 있을 거야. 나도 봉준이처럼 돈을 벌고 말겠어. 봉준이를 만나면 무슨 수가 있겠지. 돈을 벌면서 학교에 다닐 수는 없을까. 무슨 방법이 있을 거야.'

재형은 학교에 가고 싶었지만 아나톨리에게 찢어진 책을 돌려줄 수가 없었다.

'미안해. 나중에 돈 벌면 꼭 새 책을 사줄게.'

재형은 낯선 길을 따라 무작정 걸었다. 바다가 있다는 방향으로만 가면 어떻게든 포시에트 항구에 닿을 것 같았다. 길 양쪽에는 재형의 키보다 더 크고 무성하게 자란 풀들이 바람에 너울거렸다. 풀들도 슬퍼서 흐느적거리는 것 같았다.

'어머니, 도와주세요.'

재형은 어머니가 묻힌 아득한 고향 쪽을 한참 동안 바라보았다. 발걸음을 뗄 때마다 배에서 꼬르륵 소리가 더 크게 들렸다. 점점 다리도 후들거렸다. 숭늉이라도 형수가 주는 대로 그냥 받아 마실 걸 하는 후회가 밀려왔다.

재형은 두 주먹을 힘껏 쥐었다.

'약해지면 안 돼. 형수는 절내로 나를 용서하지 않을 거야. 돈을 벌기 전엔 집으로 돌아가지 않겠어.'

재형은 온종일 걷고 또 걸었다. 그러나 재형이 생각했던 항구는 아무리 걸어도 나타나지 않았다. 재형은 방향을 잘못 잡았나 싶어 사방을 살폈다. 끝없는 벌판이 계속 이어졌다. 거칠 것이 없이 드넓은 평원은 아득하기만 했다. 산이든지 바위든지 커다란 나무라도 있으면 덜 막막할 것 같았다. 재형은 우주에 떨어진 한 점처럼 끝이 보이지 않는 벌판을 걷고 또 걸었다.

점점 날이 어두워졌다. 재형은 겁이 덜컥 났다. 어디에서 밤을 보내야 할지 사방을 두리번거려도 허허벌판뿐이었다. 재형은 풀이 우거진 곳에다 잠자리를 만들었다. 사람 냄새를 맡고 늑대가 다가오면 어떻게 할까. 급히 집을 뛰쳐나와서 덮을 것도 아무것도 없었다. 하루쯤 걸으면 항구에 도착할 줄 알았는데, 항구는커녕 바다도 보이지 않았다. 재형은 풀숲에 몸을 숨기고 밤을 보내기로 했다.

밤이 되니 바람결에 서걱거리는 풀 소리만 들려도 바짝 긴장되었다. 마음에 따라 똑같은 풀들조차 왜 무서운 존재로 보이는 걸까. 낮에는 늘 보던 익숙한 풀이었는데 밤이 되니 마치 짐승처럼 보였다. 풀만 그런 게 아니었다. 모든 게 무서운 괴물로 변할 것만 같아 재형은 얼른 하늘로 눈을 돌렸다. 밤하늘은 별들이 금세 쏟아질 것처럼 총총했다. 가끔 별똥별이 떨어졌다. 재형은 두 무릎 사이에 얼굴을 파묻고 마음속으로 어머니에게 도와달라고 빌었다. 어머니를 생각하니 눈물이 비어져 나왔다. 아버지도 원망스럽고 형도 미웠다. 괜히 집을 뛰쳐나온 게 아닐까. 이렇게 벌판을 헤매다가 항구에 가지도 못하고 떠돌이가 되는 건 아닐까. 재형은 입술을 깨물며 두 귀를 바짝 세웠다. 재형은 무서운 생각을 떨쳐버리려고 별을 세기 시작했다.

'별 하나, 나 하나, 별 둘, 나 둘, 별 셋, 나 셋, 별 넷, 나 넷, 별 다섯, 나 다섯, 별 여섯, 나 여섯, 별 일곱, 나…….'

재형은 별을 세다가 잠이 들었다. 눈을 떠보니 환하게 밝은 아침이었다. 얼른 일어나 다시 발길을 떼었다. 가다 보니 남쪽에서 습한 바람이 불어왔다. 재형은 바람이 반가웠다. 바람은 바다에서 생긴다고 배웠기 때문이었다. 바람을 가르며 걷고 또 걸었다.

어느덧 해가 또 서쪽으로 기울기 시작했다. 재형은 마음이 급했다. 또 벌판에서 밤을 보내게 될까 봐 두려웠다. 작은 언덕을 넘자 드디어 바다가 보였다. 재형은 그제야 안도의 숨을 내쉬었다. 바닷물이 노을에 물들어 황금빛으로 반짝거렸다. 바다 위에 떠 있는 배들도 아지랑이처럼 가물거렸다. 재형의 짐작이 맞는다면, 저 앞에 보이는 항구의 이름은 포시에트가 분명했다.

'아, 드디어 제대로 찾아왔어.'

재형은 발걸음을 재촉했다. 그러나 마음뿐이었다. 발이 점점 무거워졌다. 언덕에서는 항구가 가까워 보였는데, 아무리 걸어도 더 멀어지는 것만 같았다. 하지만 항구에 가까이 다가가는지 비릿한 바다 냄새가 코끝에 느껴졌다. 어두워지니 항구의 불빛들이 하나둘 늘어나기 시작했다. 지저분한 집들이 계속 이어졌고, 길은 몹시 질척거렸다.

재형은 드디어 커다란 창고들이 줄지어 있는 부둣가에 닿았다. 항구에 다 왔다고 생각하니 긴장이 풀려 걸음이 더 휘청거렸다. 재형은 비틀거리다 창고 옆에 그대로 쓰러졌다. 눈이 저절로 감겨 잠 속으로 곯아떨어졌다.

그리고 다음 날 선장을 만난 것이다. 재형의 이야기를 들은 나타샤가 말했다.

"그랬구나. 그렇게 고생하면서 학교에 다녔다니 정말 기특하구나. 하지만 네 형수도 힘들었을 거야. 홑몸도 아닌데, 여자 혼자서 남자 넷을 뒷바라지하려니 얼마나 버거웠겠니. 게다가 먹을 양식도 없으니 애매한 너한테만 짜증을 낸 모양이구나. 기엾어리. 초이, 이제부터는 내가 책도 읽게 해주고, 공부도 시켜줄게. 그런데 지금 아버지를 찾아가면 네가 떠나도록 허락하지 않을지도 몰라. 그러니 나중에 성공한 다음에 식구들을 찾아가는 게 어떻겠니?"

재형은 나타샤에게 모든 사실을 털어놓고 나니 마음이 한결 가벼웠다. 나타샤가 재형의 등을 어루만지며 말했다.

"초이, 나도 책을 아주 좋아한단다. 이번에 항해를 떠날 때는 우리 초이를 위해 책을 많이 가져가야겠다."

"고맙습니다. 정말 고맙습니다."

재형은 나타샤에게 머리를 숙였다. 항해를 앞두고 불안했던 마음이 고마움으로 바뀌면서 눈물이 핑 돌았다.

5
기나긴 항해

 드디어 빅토리아 호가 닻을 올렸다. 빅토리아 호는 포시에트 항구에 있는 많은 배를 뒤로하고 큰 바다로 물살을 갈랐다. 재형은 이렇게 큰 배가 물 위에 떠서 움직이는 게 믿어지지 않았다. 배는 석탄을 때서 얻는 증기의 힘으로 움직인다고 했다. 배에 탄 사람은 화부와 재형을 합해 선원이 여섯 명이었고, 선장 부부까지 더하면 모두 여덟 명이었다.
 넓은 바다로 나가니 커다란 배가 한낱 가랑잎처럼 느껴졌다. 재형은 배에서 중심을 잡기가 힘이 들었다. 속이 울렁거리고 자꾸만 토할 것 같았다. 나타샤가 처음엔 다 그렇다며 누워 있으라고 했는데도, 심한 멀미 때문에 얼른 배에서 내리고만 싶었다. 오히려 아무렇지도 않은 선장 부부와 선원들이 신기하기만 했다.
 "몸이 점점 바다에 익숙해질 거야. 땅에서 살다가 물에 떠 있으니 어지러운 게 당연해. 뱃멀미는 병이 아니니 조금만 더 참아."

나타샤의 말대로 이튿날부터는 뱃멀미가 잦아들기 시작했다. 재형은 배 위에서 지신허가 어디쯤일까 생각하며 마음속으로 아버지와 식구들에게 작별인사를 했다.

이 배는 어디까지 가는 걸까. 언제 돌아오는 걸까. 아버지를 다시 만날 수 있을까. 재형은 선장 부부와 계속 함께 지내게 되어 무척 다행스러웠지만, 바다 위에서 몇 달 동안 지내야 한다니 알 수 없는 불안감이 온몸을 휘감았다.

재형은 화부를 도와 석탄도 때고, 끼니때가 되면 나타샤를 도와 채소를 다듬고, 수프를 끓이고, 빵을 구웠다. 할 일이 없을 때는 나타샤와 함께 책을 읽었다.

빅토리아 호는 포시에트를 떠난 지 사흘 만에 시모노세키에 닿았다. 시모노세키는 조선과 가장 가까운 나라인 일본의 항구라고 했다. 일본은 메이지 천황이 새로운 시대를 열었다고 했다. 선장 부부는 시모노세키에서 열흘 정도 머물면서 질 좋은 비단을 샀다. 재형은 나타샤와 함께 배에서 내렸다. 땅을 디뎠는데도 몸이 뱃멀미 하는 것처럼 휘청거렸다. 그 사이에 몸이 바다에 길들었다는 게 신기할 정도였다. 재형은 나타샤와 항구에서 가까운 시장도 구경하고 일본 음식들도 먹어 보았다.

배가 시모노세키 항구를 떠나는 날, 나타샤가 재형에게 말했다.

"초이가 태어난 조선은 여기서 아주 가깝단다. 하지만 조선은 아직 외국과 교류하지 않아서 가고 싶어도 갈 수가 없어. 지금 일본은 새 바람이 불고 있단다. 항구도 이제 막 개방하기 시작했지. 초이가 태어난 조선도 얼른 개방하면 좋을 텐데."

재형은 나타샤의 말을 잘 이해할 수 없었다.

빅토리아 호가 다시 큰 바다로 나왔다. 두 번째로 들른 항구는 마카오라고 했다. 마카오는 중국의 광저우로 들어가는 관문이었다. 중국의 비단과 화약, 질 좋은 차들이 광저우에 모여서 마카오를 통해 세계 여러 나라로 팔려갔다. 마카오에서는 꽤 오랫동안 머물며 홍차와 비단을 사고 모피를 조금 팔았다. 마카오는 여러 나라의 배들이 많이 드나드는 항구라서 건물들도 많고, 사람들도 무척 북적거렸다.

세 번째로 들른 항구는 필리핀의 마닐라였다. 마닐라에서 며칠 묵으면서 물건을 팔고 새로운 물건을 샀다. 마카오도 더웠는데, 마닐라는 한여름보다 더 무덥고 축축했다.

선장 부부는 필리핀의 세부에서도 한동안 머물렀다. 세부는 향료로 유명하다고 했다.

어느 날 선장은 원주민이 사는 곳으로 육두구를 사러 간다고 했다. 재형은 육두구가 무슨 짐승 이름인 줄 알았다. 선장 부부는 재형을 데리고 안내인과 함께 육두구를 재배하는 마을로 들어갔다. 해변에는 야자수라는 신기한 나무들이 숲을 이루며 서 있었다. 나무 꼭대기에만 커다란 잎들이 있어 마치 거대한 우산을 펼친 것 같았다. 사람들은 야자수를 기둥 삼아 원두막 같은 집을 짓고 살면서 사다리를 타고 오르내렸다. 사람들이 윗옷을 입지 않은 채 아래쪽만 야자수 잎으로 만든 치마를 두른 것도 신기했다. 여자들은 귀에 구멍을 뚫어 여러 가지 장신구를 주렁주렁 매달고 있었다.

선장은 후추와 육두구라는 열매를 샀는데, 재형은 육두구를 처음 보았다. 나타샤가 열매를 코에 대고 냄새를 맡으며 말했다.

"이게 육두구 열매야. 한때 금보다도 더 비싸게 팔린 적도 있대. 이 열매를 구하려고 유럽에서 배를 타고 항해를 시작한 것이 지금의 뱃길이 되었다더구나."

"예? 금보다도 더 비싸다고요?"

재형은 깜짝 놀라서 딱딱한 열매를 이리저리 살펴보았다.

"이걸 어디에 쓰는 거예요?"

"고기를 요리할 때 쓰는 향신료란다. 나쁜 냄새를 없애주지. 유럽에는 후추와 육두구가 없어. 육두구 나무를 옮겨다 심어도 기후가 맞지 않아서 열매가 열리지 않는대. 여기서만 자라는 특별한 향료야. 유럽 사람들은 이걸 서로 차지하려고 전쟁까지 했대. 한때 이 열매는 흑사병의 특효약으로 쓰이기도 했단다."

재형은 신기해서 열매를 코에 대고 냄새를 맡아 보았다. 생강 냄새 같기도 하고 후추 냄새도 나는 것 같고, 여러 가지 냄새가 뒤섞인 것 같았다.

선장은 유럽에서 가장 비싸게 팔리는 향신료들이라며 질 좋고 잘 마른 후추와 육두구와 정향을 사 모았다.

세부에서 향신료를 산 후, 배는 다시 항해하여 싱가포르에 도착했다. 나타샤는 지도를 펴놓고 싱가포르가 말레이반도의 끝에 있는 섬이라고 가르쳐주었다. 싱가포르에서 며칠 머무르는 동안, 재형은 너무 더워서 숨이 턱턱 막혔다. 얼마나 더운지 가만히 있어도 땀이 비 오듯 쏟아졌다. 나타샤는 싱가포르가 적도 근처라서 덥다고 알려주었다. 재형은 적도가 무엇인지 이해하는 데 한참이나 걸렸다. 공처럼 둥근 지구 한가운데를 그어 남북으로 나눈 선이 적도라는 것도, 그래서 남쪽과 북쪽의 계절이 서로 반대라는 것도, 얼른 이해되지 않았다. 그저 이 더운 곳을 빨리 떠나기를 기다렸다.

며칠 후 말라카 해협을 통과하면서 말라카 항구에 닿았는데, 그곳은 말레이시아의 항구라고 했다. 나타샤는 말라카 항구가 옛날부터 바다 위 비단길이 시작되는 항구도시였다고 가르쳐주었다.

다음에 들를 항구는 인도의 캘커타(현재의 콜카타) 항구였다. 말라카 해협을 빠져나오는 동안 은빛 칼날 같은 무리들이 햇빛을 받아 반짝거리며 바다 위로 날아올랐다. 선원들은 날치 떼가 날아오른다고 환호성을 질렀다. 적도 부근에서는 날치 떼를 자주 볼 수 있었다.

육지가 가까워지면 바다는 온통 옥빛으로 빛났다. 먹을 물이 떨어져 가까운 육지에 배를 대고 물을 채울 때면, 우거진 원시림에 사는 수많은 원숭이 떼도 볼 수 있었다. 배는 캘커타로 가기 위해 계속 북쪽으로 올라갔다. 큰 바다로 나오니 바다의 경계가 어디인지, 하늘과 맞닿은 수평선이 어디쯤인지 알 수 없을 정도로 바다와 하늘 모두 신비하게 푸르렀다.

　재형은 바다에서 생활하는 것이 때로 무섭고 불안했지만, 또 어떤 나라에 가서 무엇을 볼 수 있을까 하는 기대로 설레었다. 세상은 도대체 얼마나 넓은 걸까. 가는 곳마다 쓰는 말도 다르고, 얼굴 생김새도 다른 사람들이 사는 지구는 도대체 얼마나 넓은 것일까.

　빅토리아 호는 포시에트를 떠난 지 거의 보름 만에 인도의 캘커타 항구에 도착했다. 인도는 땅덩어리가 넓어서 조선 땅의 열 배 이상 되었다. 캘커타 항구에서 배에 싣고 온 물건들을 팔고 새 물건들을 사서 실었다. 인도에는 사원마다 거대한 불상들이 많았다. 코끼리를 타고 다니는 사람들도 보였다. 코끼리는 탈것으로 부리면서, 소를 사람보다 더 숭배하는 게 특이했다.

　캘커타에서는 배를 점검하느라 거의 열흘이나 묵었다. 캘커타를 떠난 배는 다시 남쪽으로 항해를 계속해서 닷새 만에 인도 남쪽 끝에 있는 실론 섬의 콜롬보에 닿았다. 콜롬보에서 사흘을 묵으며 또 새로운 물건을 사고팔았다. 먹을 물과 연료와 식료품을 다시 싣고 배는 인도의 서쪽 해안을 따라 계속해서 북쪽으로 올라갔다. 나흘 후에 봄베이(현재의 뭄바이) 항구에 도착했다. 봄베이에서는 열흘이나 묵으며 진귀한 물건과 식료품들을 샀다.

　이제 아라비아 해를 건너 아프리카의 탄자니아에 있는 잔지바르까지 쉬지 않고 항해해야 한다며, 선장은 선원들에게 한동안 배에서 내릴 수 없으니, 준비를 철저히 하라고 했다.

봄베이를 떠난 배는 망망대해로 나왔다. 배가 적도를 지날 때는 바람도 없고 모든 것이 정지한 듯 고요했다. 사방 어디를 보아도 오로지 푸른색뿐이어서 재형은 창공에 혼자 떠 있는 것 같은 착각이 들었다.

재형은 망망대해에서 인연에 관해 많은 생각을 했다. 나타샤는 전생에 재형과 어떤 인연이었을까. 재형은 나타샤가 자신을 아들처럼 대해줄 때마다, 혹시 어머니가 보낸 사람이 아닐까 생각되었다. 포시에트 항구를 찾아가던 날 밤, 별을 보며 어머니에게 도와달라고 빌었던 것도 떠올랐다. 그때 하늘에서 어머니가 나타샤와의 인연을 만들어준 것은 아닐까. 재형은 어디선가 어머니가 자신을 지켜보고 있다는 착각도 들었다.

봄베이를 떠난 지 거의 열흘이 지났을 때, 배는 아프리카 대륙의 탄자니아 잔지바르 항구에 도착했다. 선원들은 배에서 내려 얼른 땅을 밟고 싶다며 즐거워했다.

재형은 잔지바르에서 처음으로 흑인들을 보았다. 나타샤처럼 러시아 사람들은 백인이었고, 아프리카에는 백인과 반대인 흑인들이 살고 있으며, 아시아에 사는 사람들은 자신처럼 그 중간색인 황인이라는 사실도 새삼스럽게 깨달았다.

재형은 잔지바르 항구가 흑인들을 팔고 사던 흑인 노예무역 항구로 유명했다는 이야기를 듣고 가슴이 아팠다. 피부가 까맣다는 이유로 부모형제와 생이별을 하고 머나먼 낯선 나라로 물건처럼 팔려가던 흑인들의 심정은 어땠을까. 백인들은 짐승을 사냥하듯 흑인들을 붙잡아다 낯선 곳에 팔아넘겨서, 한때 아프리카 대륙에서는 노예 사냥꾼이라는 말이 가장 무서운 말이었다고 한다.

재형은 자신도 노비 출신이라는 생각에 더 가슴이 아팠다. 나타샤는 미국의 링컨 대통령이 남북전쟁에서 승리한 후 노예를 해방시켰고, 그 후로 노예무역도 금지되었다고 가르쳐주었다. 그 후부터 잔지바르 항구는 향료무역 중심지로 바뀌었다. 재형은 잔지바르에 머무는 동안 자꾸만 노예 시장이 떠올라서 마음이 무거웠다.

선장과 나타샤는 아프리카의 최남단인 희망봉까지 다시 오랜 항해를 해야 한다며, 여러 가지 준비에 바빴다.

"나타샤, 희망봉까지는 얼마나 더 가야 해요?"

재형의 물음에 나타샤가 고개를 갸웃거리며 말했다.

"바람의 변화에 달렸단다. 희망봉 주변은 대서양과 인도양에서 불어오는 바람이 만나는 곳이라 아주 변화무쌍하거든. 위험할 때도 많아. 특히 아굴라스 곶을 지나는 해류를 잘 헤쳐나가야 해. 사실 몇 해 전에 수에즈 운하가 생겨서 아프리카를 돌지 않아도 되는 길이 열렸단다. 봄베이에서 아덴 만을 거쳐 곧바로 유럽으로 가는 길이야. 하지만 지금은 몇 나라만 이용하고 있단다. 앞으로는 모든 나라에 열리게 될 거야. 그때가 되면 이렇게 오래, 아프리카 대륙을 돌아갈 필요가 없을 거야."

나타샤는 수에즈 운하를 지나 유럽으로 바로 가면 좋았을 거라고 아쉬워했지만, 재형은 풍랑이 일어도 사고만 나지 않는다면, 아프리카 대륙을 한 바퀴 돌아보고 싶었다.

드디어 빅토리아 호가 잔지바르 항구에서 닻을 올렸다.

남아프리카 희망봉까지 가는 건 봄베이에서 잔지바르까지의 거리와 비슷하다고 했다. 배가 다시 큰 바다로 나왔다. 아프리카의 동쪽 해안은 파도가 세서 오히려 큰 바다로 나와야 안전했다. 배는 큰 바다에서 계속 남쪽으로 내려갔다.

아프리카의 최남단이 가까워지자 집채만 한 파도가 일기 시작했다. 밤낮없이 파도가 빅토리아 호를 가랑잎처럼 흔들어댔다. 재형은 거센 풍랑에 시달릴 때마다 배가 뒤집힐까 봐 몹시 두려웠다.

폭풍은 열흘 동안이나 계속되었다. 예정보다 항해가 길어지자 잔지바르에서 실은 물건들이 동나기 시작했다. 안전한 항구는 어디쯤 있을까. 요리할 수 있는 불도 피우지 못했다. 여기까지 와서 희망봉을 통과하지 못하고 다시 인도양으로 돌아가야 한다면 바다 위에서 굶어 죽을지도 몰랐다.

배는 여러 날을 같은 자리에서 맴돌았다. 선장은 배가 오랫동안 바다에 떠 있자 물 새는 곳이 생길까 봐 신경을 곤두세웠다. 식수와 빵도 거의 바닥이 났다. 선원들은 계속 날씨를 살피며 시시때때로 짜증을 내기도 하고, 화를 내기도 했다. 나타샤는 모든 일이 잘될 거라며 항상 긍정적이었다. 선장은 빅토리아 호를 작은 만으로 옮긴 후 폭풍우가 잦아들 때를 기다렸다.

그 무렵 재형은 입안이 헐어서 계속 피가 나왔다. 나타샤는 신선한 채소를 먹지 못해서 생긴 괴혈병이라며 걱정했다.

"채소는커녕 과일까지 다 떨어졌는데, 풍랑 때문에 늦어서 야단이네. 다음 항구에서 신선한 채소와 과일을 충분히 사야겠나. 말린 채소와 과일도 넉넉하게 준비해야겠어."

나타샤는 파도를 잠재워달라고 틈만 나면 기도했다. 나타샤의 기도 덕분이었을까. 어느 순간부터 드디어 바람이 잦아들고 파도가 잔잔해졌다. 선장은 이 순간을 놓치면 안 된다며 선원들을 재촉했다.

"어서 아굴라스 곶을 돌아 나가야 해. 그곳을 돌면 바로 희망봉이야."

선장의 명령에 따라 모두 초긴장하여 바람의 방향에 돛을 맡겼다. 희망봉은 안개에 싸여서 잘 보이지 않았다.

나침반을 들고 방향을 살피던 선장이 갑자기 큰 소리로 말했다.

"아! 드디어 희망봉을 돌았어. 이제 북쪽으로 가면 바로 케이프타운 항구야. 아유, 이제 살았다."

선장의 말에 모두 와! 하고 함성을 질렀다. 드디어 안개가 걷히고 멀리 케이프타운 해변이 보였다. 해안이 가까워지자 아장아장 걷는 동물이 보였다. 나타샤는 그 동물이 펭귄이라고 알려주었다.

케이프타운 항구에서는 배를 수리하기 위해 보름 넘게 머물렀다. 배가 심한 폭풍우에 가랑잎처럼 흔들리면서 여러 곳이 손상되어 손봐야 했다. 재형은 케이프타운에서 백인의 노예로 사는 흑인들을 많이 만났다. 백인은 흑인을 심하게 차별했다. 백인은 마치 조선의 양반처럼 살고, 흑인은 조선의 노비처럼 사는 모습을 보며 흑인이 가여운 생각이 들었다.

배를 다 고친 후 식수와 음식과 연료를 채우고 드디어 닻을 올렸다. 배는 계속 북쪽으로 올라갔다. 적도 근처의 아비장에 들러 다시 식수와 음식과 연료를 채운 다음, 유럽에서 팔 커피와 코코아를 샀다.

세네갈의 다카르 항구에서 사흘을 머물렀다. 다카르까지 가는 동안 항해는 순조로운 편이었다. 몇몇 항구에 들렀지만 필요한 물품만 사고 싣고 온 물건은 거의 팔지 않았다. 아프리카의 나라들은 아직 외국과 무역할 만큼 형편이 좋지 않았다.

재형은 항해하는 동안 지루할 때는 책을 읽었다. 나타샤는 한가한 시간이면 재형에게 푸시킨과 바이런의 시를 읽어주었다. 나타샤는 푸시킨의 소설 《예브게니 오네긴》을 읽어주고, 〈삶이 그대를 속일지라도〉라는 시를 외우고 써보라고 했다. 재형은 푸시킨의 시를 러시아어로 쓰고 외우며 희망찬 미래를 꿈꾸었다. 나타샤는 러시아의 문호들을 아주 자랑스러워했다. 도스토옙스키와 톨스토이, 고골이 쓴 소설들을 읽고, 감동적인 이야기를 재형에게 들려주었다.

나타샤는 재형이 읽을 만한 책도 가져와, 재형은 항해하는 동안 러시아의 옛이야기도 많이 읽었다.

옛이야기 중에서 〈꿀 세 병을 몰래 먹은 여우〉 이야기는 열심히 일만 하는 곰과 거짓말로 곰의 꿀을 세 병이나 훔쳐 먹은 약삭빠른 여우 이야기였다. 여우는 곰을 속이며 편하게 지냈지만, 홍수가 나자 갈 곳을 잃어버린다. 거짓말로 남을 속이며 살았기 때문이다. 결국 여우는 굶어 죽게 되었다.

재형은 그 이야기에서 밭에서 열심히 돌을 골라내던 자신이 곰과 닮은 것 같았다. 나타샤는 재형이 옛이야기를 읽으며 정직이 재산이라는 교훈을 얻기를 바랐다. 장사할 때도 당장 눈앞의 이익만 챙기려 여우처럼 속임수를 쓸 수 있지만, 정직하지 못하면 나중에 더 큰 손해를 입게 된다고 강조했다.

나타샤는 니콜라이 선생보다도 아는 게 더 많았다. 재형은 학교를 그만둔 게 못내 아쉬웠는데, 나타샤 덕분에 학교에 다닐 때보다 훨씬 더 많은 것을 보고 배울 수 있었다.

빅토리아 호가 카사블랑카를 지나 아프리카 대륙을 벗어났다. 카사블랑카에서 포르투갈의 리스본 항구까지는 아프리카를 돌아 나오던 시간에 비하면 훨씬 가깝게 느껴졌다. 여기서부터 유럽 대륙이라고 했다. 리스본 항구는 웅장하고 아름다운 건물이 많았다. 항구가 무척 활기차서 세계의 모든 사람이 다 모여든 것 같았다. 리스본에서 며칠을 머물고 다시 북쪽으로 올라갔다.

프랑스의 르아브르 항구에서는 나흘을 묵었다. 르아브르는 프랑스의 수도인 파리와 아주 가깝다고 했다. 나타샤는 파리에 대해서도 많은 이야기를 해주었다.

르아브르 항구를 떠나자마자 프랑스와 영국이 맞닿은 도버 해협을 지나 네덜란드의 암스테르담 항구에 도착했다. 빅토리아 호는 암스테르담에서 일주일을 묵었다. 나타샤는 암스테르담에 머무는 동안 재형에게 유럽 역사 이야기를 많이 해주었다. 네덜란드와 스페인, 영국 세 나라가 해상 왕국이라는 것도, 영국에서 산업혁명이 일어나 공장이 생기고, 물건을 대량으로 생산하기 시작한 것도 알게 되었다.

 재형은 눈으로는 새로운 곳을 보고, 마음으로는 나타샤가 들려주는 이야기로 지적 호기심을 채워나갔다. 새로운 세상에 눈을 뜨기 시작하면서 점점 궁금한 게 늘어났다. 나타샤는 그런 재형의 마음을 읽고 많은 걸 가르쳐주었다.

 "러시아의 차르 중에서 가장 위대한 차르가 누군지 아니?"

 나타샤는 어리둥절해하는 재형에게 차근차근 말해주었다.

 "우리 러시아를 넓고 강한 나라로 만든 차르는 표트르 대제란다."

 재형은 표트르란 이름을 입속으로 살짝 되뇌어보았다.

 "지금 러시아의 차르는 누구인지 알지?"

 재형은 학교에서 배운 거라 자신 있게 대답했다.

 "알렉산드르 2세예요."

 "그래. 잘 아는구나. 그런데 지금 우리가 묵고 있는 암스테르담 건너편에 잔담이라는 항구가 있어. 잔담은 표트르 대제와 아주 인연이 깊은 곳이야."

 "어떻게요? 여긴 러시아 땅이 아니고 네덜란드 땅이잖아요."

"표트르 대제는 개척정신이 아주 강한 사람이었어. 잔담에서 배를 만드는 기술을 배웠다는구나. 표트르 대제 덕에 러시아가 오늘처럼 발전하게 된 거야."

나타샤는 표트르 대제에 관해 많은 이야기를 해주었다. 표트르 대제는 로마노프 왕조의 황제로, 이름은 표트르 알렉세예비치 로마노프이다. 왕가에서 셋째아들로 태어났지만 어린 나이에 왕이 되었다. 큰 형은 일찍 죽고, 둘째 형은 장애가 있어 정치를 할 수가 없었기 때문이다. 하지만 곧 이복 누나인 소피아 공주에게 쫓겨나 궁궐 밖에서 생활해야 했다.

궁궐 밖, 외국 사람이 지내는 지역에서 살면서 어린 표트르는 다양한 사람을 만나고 수많은 경험을 할 수 있었다. 영국이나 네덜란드 사람도 여럿 만났는데, 표트르는 그 나라들의 선진 문물에 관심을 두게 되었다. 특히 과학과 실용적인 문화에 관심이 많았던 표트르는 첨단 기술에 호기심을 갖고, 열두 살 때 이미 석공 기술과 목수 일을 배웠다.

표트르는 어릴 때부터 바다를 가까이했고, 특히 영국이나 네덜란드 선장들에게 항해술과 선박에 관한 지식을 배웠다는 말을 들었을 때, 재형은 표트르의 그때 나이가 지금 자신의 나이와 비슷하다는 사실에 흥분되었다.

"표트르는 차르가 되자마자 해군을 만들려고 젊은이 수천 명을 강제로 훈련했다는구나. 그리고 나서 그 젊은이들을 서유럽의 여러 나라에 사절단으로 보냈단다. 자신도 신분을 감추고 사절단에 끼었대."

"사절단이 뭐에요?"

재형은 점점 호기심이 발동했다.

"이름은 사절단이었지만, 사실은 선진 기술을 배워 오라고 보낸 유학생 같은 거였어. 그 당시 러시아는 유럽에 비하면 몹시 가난하고 보잘것없는 나라였거든. 표트르는 러시아를 개혁해서 강한 나라로 만들고 싶었어. 그러자면 서유럽의 선진 문물을 배워야 한다고 생각했지. 그래서 러시아의 젊은이들을 사절단이란 이름으로 선진국에 보낸 거야. 표트르 자신도 신분을 감추고 미하일로프라는 가명으로 함께 갔대."

"왜 가명을 썼어요?"

"왜라니? 자존심 강한 러시아 백성이 자기네 나라의 차르가 외국에 나가 노동자가 되어 기술을 배운다면 가만히 있겠니? 그러니까 신분을 숨긴 거야. 직접 외국의 선진 기술을 배우고 싶어서. 참 대단한 사람이지. 바로 잔담 항구가 표트르 대제가 목수로 일하면서 배 만드는 기술을 배웠던 곳이래."

재형은 표트르 대제의 이야기를 들으면 들을수록 대단하다는 생각이 들었다. 나타샤는 재형에게 표트르 대제의 도전정신을 본받았으면 좋겠다고 말했다.

"러시아는 표트르 대제 때문에 오늘이 있게 된 거야. 최고의 자리에 있는 차르가 나라의 장래를 위해 신분을 속이고 노동을 한 거지.

외국의 선진 문물을 스스로 체험하려는 위대한 도전정신 덕에, 러시아가 오늘의 대국이 될 수 있었어. 그래서 대제라는 위대한 칭호를 받은 거란다. 어때? 대단하지?"

재형은 나타샤의 말에 고개를 끄덕이며 가슴이 뜨거워졌다. 자신도 지구 반 바퀴를 돌아 새로운 경험을 하고 있으니 표트르 대제의 어린 시절과 닮은 것 같아 자부심이 생겼다. 아프리카 잔지바르에선 흑인 노예들 생각에 마음이 무거웠지만, 표트르 대제의 이야기를 들으면서 새로운 희망으로 부풀었다.

빅토리아 호는 일주일 후 항해의 마지막 목적지인 러시아의 수도 상트페테르부르크에 닿았다. 포시에트를 떠난 지 세 달 만이었다. 상트페테르부르크는 표트르 대제가 건설한 러시아에서 가장 아름다운 도시였다. 재형은 빅토리아 호가 네바 강에 들어설 때부터 강 양쪽에 있는 아름다운 건물들에 반해 황홀경에 사로잡혔다. 나타샤가 재형에게 말했다.

"표트르 대제는 이 네바 강에 수많은 운하를 만들었어. 그리고 강변에 저토록 아름다운 건물을 지은 거야. 대제는 이 도시를 건설하면서 유럽으로 열린 창이라고 했대."

빅토리아 호는 상트페테르부르크에서 겨울을 난다고 했다. 시베리아에서 가져온 모피는 아주 비싼 값에 팔려서 선장 부부는 많은 이익을 남겼다며 흡족해했다.

선장은 밤늦게까지 사람들을 만나고, 낮에는 주로 잠을 잤다. 나타샤는 선장이 자는 동안 재형을 데리고 상트페테르부르크의 이곳저곳을 구경시켜주었다.

상트페테르부르크에서 가장 환상적인 곳은 여름궁전이었다.

"이곳은 표트르 대제가 여름을 보내려고 지은 궁전이야."

재형은 여름궁전을 돌아보며 동화책에서 보았던 꿈속 같은 궁전들을 실제로 보는 것이 오히려 꿈을 꾸는 것 같았다.

"세상에! 이렇게 아름다운 궁전이 실제로 있다는 게 믿어지지 않아요."

"표트르 대제가 궁정 파티를 하려고 지었단다. 수많은 사람의 피와 땀으로 완성된 거야."

나타샤는 자신이 러시아 사람이라는 사실을 굉장히 자랑스러워했다. 재형은 나타샤를 보며 자신도 조선 사람인 것을 자랑스러워할 수 있을까 하고 문득문득 생각에 잠겼다. 나타샤는 궁전의 조각상 하나하나에 깃들인 이야기를 재형에게 들려주었다. 조각상들은 거의 다 《성서》와 관련이 있었다. 《성서》에 나오는 열두 제자이거나, 아기 예수를 안은 성모마리아였다. 재형은 대리석으로 된 멋진 조각상들을 넋을 잃고 바라보았다. 배를 타고 오는 동안 나타샤에게 《성서》에 나오는 이야기를 많이 들어서 조각상들이 아주 낯설지는 않았다.

지신허에 사는 아버지와 할아버지, 그리고 형과 형수는 이런 세상이 있다는 걸 상상이나 할 수 있을까. 세상의 한끝에는 당장 두 발을 뻗고 편안히 몸을 누일 집도 제대로 없는 사람들이 살고 있는가 하면, 반대쪽에는 이처럼 어마어마하고 화려한 궁전을 지어 파티를 열고 즐기는 사람들이 살고 있다는 게 무척 이상했다. 재형은 화려한 궁전을 돌아보며 함경도 산골에서 살다 돌아가신 어머니도 불쌍했고, 지신허에서 허리를 펼 새 없이 땅만 파며 사는 식구들도 불쌍했다.

재형은 상트페테르부르크를 돌아보며 자신을 구박한 형수가 문득 고마웠다. 형수가 구박하지 않았다면, 재형은 지신허의 삶을 세상 전부로 알지 않았을까. 배를 타고 바다를 돌고 돌아 러시아의 서쪽 끝에 와서 이런 별천지를 보게 될 줄 상상이나 했을까.

재형은 표트르 대제와 닮고 싶은 욕망에, 어느 날은 표트르 대제를 꿈에서 만나기도 했다. 표트르 대제는 모스크바 대공국의 서쪽 끝에 상트페테르부르크를 새로 건설하고, 동쪽으로는 블라디보스토크까지 국토를 넓혔다. 대제는 마침내 러시아 제국을 선포하고 황제라는 칭호를 처음으로 사용했다. 재형은 표트르 대제만 생각하면 가슴이 뛰었다. 러시아 동쪽 끝에서 살던 자신이, 표트르 대제와 만나기 위해 상트페테르부르크까지 온 것 같은 착각도 들었다.

선장 부부는 상트페테르부르크에서 겨울을 보내고 네바 강의 얼음이 풀릴 무렵 다시 포시에트로 긴 항해를 떠났다.

빅토리아 호가 포시에트까지 돌아오는 동안, 재형의 가슴 속에선 상트페테르부르크에서 받은 깊은 인상이 항상 뜨겁게 소용돌이쳤다. 가끔 골똘한 생각에 잠겨 있는 재형을 보고 나타샤가 물었다.

"초이, 무슨 고민이 있는 거니?"

"나타샤, 저도 표트르 대제처럼 제 운명을 개척하며 살고 싶어요."

나타샤가 재형의 등을 어루만지며 얼굴 가득히 미소를 지었다.

"초이, 너는 네 꿈을 펼쳐 나갈 수 있을 거야. 항상 호기심을 갖고 무엇이든 받아들이고 배우려는 자세가 좋아. 이제 포시에트로 돌아가면 다음 항해까지 학교에 다시 다니게 해줄게. 러시아는 지금 동방으로 뻗어 나가고 있어. 초이, 네가 할 수 있는 일이 앞으로 점점 많아질 거다."

재형은 나타샤의 말에 푸른 바다를 가르는 돛처럼 가슴이 부풀었다. 재형은 집을 뛰쳐나온 후 어쩔 수 없이 학교를 그만둔 것이 가장 아쉬웠는데, 포시에트에 돌아가면 다시 학교에 보내준다는 나타샤의 말이 얼마나 반가운지 몰랐다. 아나톨리에게도 빌린 책을 돌려주지 못해 늘 미안했다.

빅토리아 호는 늦봄에 포시에트에 돌아와 닻을 내렸다. 나타샤는 집으로 돌아온 날 재형을 감싸 안고 말했다.

"아프리카의 희망봉까지 돌아야 하는 긴 항해가 늘 두렵고 지루했는데, 이번 항해는 초이 덕분에 아주 즐거웠단다. 고맙다, 초이!"

나타샤에게 고마워할 사람은 재형 자신이었다. 지구를 반 바퀴나 돌아보게 된 항해는 재형에게 아주 특별한 경험이었다.

"나타샤, 제가 오히려 감사드려야죠. 정말 고맙습니다."

재형은 정식으로 인사를 하려니 먼저 목이 메었다.

첫 번째 항해를 마치고 나서 재형은 갑자기 어른이 된 기분이었다.

재형은 선장 집에서 함께 지내면서 나타샤의 추천으로 러시아 학교에 들어갔다. 새로 다니게 된 학교는 지신허에 있는 학교보다 훨씬 크고 학생 수도 많았다. 재형은 항해하는 동안 나타샤가 가르쳐주는 대로 러시아어를 쓰고 읽은 덕에 러시아어는 자신이 있었다. 게다가 항해하면서 신기하고 다양한 경험을 많이 했기 때문에, 세상을 보는 견문도 훨씬 넓어졌다. 항해하는 동안 나타샤에게 중국어와 영어는 물론 기초적인 수학까지 배워, 모든 과목에서 높은 성적을 받을 수 있었다. 재형은 성적뿐만 아니라 교양이나 견문도 러시아 학생들보다 월등하게 높았다. 러시아 사람들이 가장 가고 싶어 하는 곳이 상트페테르부르크였는데, 재형은 그곳에 가서 직접 눈으로 보고 많은 걸 배우고 왔으니 당연한 결과였다.

 재형이 다니는 학교의 러시아 학생들은 물론 선생들까지 상트페테르부르크에 다녀온 재형을 부러워할 정도였다. 재형은 수학과 기하학도 잘했다. 학교도 열심히 다녔고 숙제를 거르는 일이 없었다.

6

표트르 세메노비츠 최

어느 날 선생님은 여러 학생 앞에서 재형을 칭찬하면서 공부를 열심히 하지 않는 아이들을 심하게 야단쳤다. 바로 그날 학교에서 돌아올 때였다.

덩치 큰 러시아 아이들 너덧 명이 재형을 에워쌌다. 학교에서 말썽을 자주 일으키는 아이들이었다. 재형이 이 아이들보다 뒤지는 건 단지 체격뿐이었다. 재형은 사방을 둘러보았다. 지나가는 사람도 없는 으슥한 골목길이었다. 모자를 삐딱하게 쓴 아이가 재형의 팔을 억세게 잡고 말했다.

"헤이, 까레이쯔! 너 아주 재수 없어."

밑도 끝도 없는 말이었다. 같은 반 친구인데도 재형의 이름을 부르지 않고 까레이쯔라 불렀다. 재형을 깔아뭉개려는 수작이었다.

"이거 놔. 왜 이래?"

"왜 이러냐고? 잘 생각해봐. 남의 나라에 굴러 들어왔으면 좀 얌전해야지. 안 그래? 네가 너무 잘난 체해서 우릴 곤란하게 만들었잖아. 우리 아주 기분 나쁘거든. 그러니까 좀 맞아줘야겠어."

키가 큰 아이가 재형의 다리를 걸었다. 재형은 그대로 흙바닥에 고꾸라졌다. 네 아이가 돌아가며 재형을 발로 걷어차고 때렸다. 재형은 흠씬 맞을 수밖에 어쩔 도리가 없었다. 덩치 큰 아이들을 몸으로는 당할 수가 없었다. 또 말로 통하는 아이들도 아니었다. 맞는 이유는 단 한 가지, 러시아 사람이 아니라 조선 사람이기 때문이었다. 아이들은 재형의 코에서 코피가 터지고 여기저기 상처투성이가 되어서야 때리는 걸 멈췄다.

"야! 까레이쯔, 너 말이야. 앞으로 우리 앞에서 아는 척도 하지 마. 다시는 재수 없게 굴지 말고. 알았어?"

처음 재형을 쓰러뜨린 애가 재형의 귀를 손으로 잡아당기며 말했다. 재형은 입술이 터져서 대답도 제대로 할 수 없었다. 찝찔한 피가 계속 입안에 고였다. 아이들은 약속이라도 한 듯 재형을 나무토막을 차듯 발로 툭툭 차고 사라졌다.

재형은 간신히 일어났지만 제대로 걸을 수도 없었다. 어떻게 집까지는 왔지만 선장의 집 앞에서 그대로 쓰러져 버렸다. 나타샤는 피투성이가 된 재형을 집 안으로 데리고 들어가며 어쩔 줄을 몰랐다.

이튿날, 재형은 아파서 학교에 갈 수가 없었다. 나타샤가 학교에 찾아가 때린 아이들을 처벌해달라고 했지만, 학교에서는 재형이 조선 아이여서인지 별로 신경 써주지 않았다.

그날 저녁, 나타샤가 재형에게 조용히 말했다.

"초이, 오랫동안 생각했던 일인데 이제 때가 된 것 같구나."

재형은 나타샤의 말에 가슴이 철렁 내려앉았다. 무슨 말을 하려는 걸까. 설마 이제 집으로 돌아가라고 하는 건 아닐까. 재형은 초조한 얼굴로 나타샤를 바라보았다.

"부활절이 한 달 앞으로 다가왔어. 이제 때가 된 것 같구나, 초이. 이번 부활절에 세례를 받고 나서 초이의 국적을 러시아로 바꾸자."

재형은 나타샤의 말을 듣고 깜짝 놀랐다.

"러시아 국적으로 바꾸라고요?"

"그래. 어제 아이들한테 당한 것도 네가 러시아 국적을 가졌다면 일어나지 않았을 거야."

재형은 국적을 바꾸라는 말에 어떻게 해야 할지 난감했다. 국적을 바꾸면 다시는 조선 사람으로 돌아갈 수 없는 걸까. 아버지는 뭐라고 하실까. 재형은 어찌해야 좋을지 몰라 금방 대답하지 못했다. 나타샤가 다시 말했다.

"초이, 조선 국경을 몰래 넘었으니 다시 조선으로 돌아가기는 어려울 거야. 조선으로 돌아가더라도 초이는 노비가 될 텐데, 다시 노비로 살고 싶지는 않겠지? 초이의 아버지도 가난과 노비라는 신분에서 벗어나려고 러시아로 오셨다고 했지? 러시아에서 살려면 러시아 국적을 얻어야 차별받지 않고 제대로 살 수 있어. 초이, 아버지께는 나중에 말씀드려도 되니까, 내 말대로 세례 먼저 받고, 국적도 러시아로 바꾸도록 하자."

재형은 나타샤의 말을 곰곰이 생각해보았다. 그동안 나타샤를 따라 식사할 때마다 기도를 드렸고, 정교회 성당에도 나갔던 터라 세례 받는 건 별로 고민되지 않았다. 나타샤가 재형에게 부탁하듯 다시 말했다.

"초이, 러시아 땅에서 살려면 까레이쯔보다는 러시아 국적을 가져야 네 꿈을 이룰 수 있어. 표트르 대제처럼 네 운명을 개척하며 살겠다고 했지? 그러려면 국적을 바꾸는 게 좋아."

재형은 여전히 금세 대답할 수가 없었다. 조선 사람으로 살면 결코 노비 신분에서 벗어날 수가 없었다. 어머니는 기생이었고, 아버지는 노비였다는 신분은 조선에서는 벗을 수 없는 멍에였다. 그러나 신분과 전혀 상관없는 러시아 땅에 살고 있으니, 꼭 국적을 바꾸지 않아도 별문제는 없지 않을까. 러시아 땅에서 자신을 노비로 취급할 사람은 없지만, 노비의 자식이란 멍에는 스스로 벗어야 할 허물 같은 것이었다.

재형은 지신허에 가서 아버지와 상의하고 싶었지만, 형수에게 숭늉 그릇을 던지고 뛰쳐나왔던 때를 생각하면, 아직은 형수와 마주치고 싶지 않았다. 게다가 아버지를 찾아갔다가, 형이나 형수에게 다시 붙잡혀 옴짝달싹할 수 없는 신세가 될지도 몰랐다.

재형은 상트페테르부르크를 돌아보면서 표트르 대제처럼 스스로 운명을 개척하며 살겠다고 한 약속을 지키고 싶었다. 그러려면 러시아 국적으로 바꾸는 것이 좋을 것 같기도 했다. 러시아 이름을 가지고 러시아 사람으로 살아야 성공할 수 있다는 나타샤의 말이 맞을지도 몰랐다. 하지만 선뜻 그러겠다고 결정할 수가 없었다.

'좀 더 생각해보고 나중에 결정해도 늦지 않겠지.'

어머니처럼 따뜻하게 보살펴주는 나타샤가 재형을 진정으로 아들처럼 여기며 한 말이라, 생각해보고 결정하겠다는 말도 선뜻 나오지 않았다. 그래도 용기를 내야 했다.

"나타샤, 조금 더 생각해보고 결정할게요. 아버지가 어떻게 생각하실지도 궁금하고 쉽게 결정할 수가 없습니다. 죄송해요."

나타샤가 재형의 어깨를 감싸며 말했다.

"그래. 초이, 잘 생각해서 결정해. 조선에 대해서 미안한 마음이 들거든 나중에 조선 사람들을 도와주면 되지 않겠니? 국적을 바꾼다고 조국과 고향을 버리라는 건 아니니까. 초이, 너는 꼭 훌륭한 사람이 될 거야. 그때가 되면 초이의 조국도 돕고, 조선 사람도 도와주렴. 그런 날을 위해서라도 러시아 국적을 얻는 게 훨씬 도움이 될 거다."

재형은 나타샤의 말에서 재형을 위해 오랫동안 생각한 결정이라는 걸 느낄 수 있었다.

"우선 세례부터 받은 다음에 시간을 두고 결정할게요."

"그래. 알았다. 하지만 우리는 네가 꼭 그렇게 하길 바란다. 그래야 앞으로 네가 이곳에서 살아가기가 훨씬 편할 거야."

"네. 알겠습니다. 고맙습니다."

재형은 진심으로 선장 부부에게 고마움을 전했다.

드디어 부활절 날에 재형은 선장 부부의 축복 속에 세례를 받았다. 세례받는 날, 재형은 하얀 옷을 입고 새로운 사람으로 다시 태어나는 의식을 치렀다. 재형은 세례받는 것을 하나의 의식으로 받아들일 뿐, 정교회의 모든 교리를 사실로 믿는 건 아니었다.

하지만 재형은 나타샤가 믿는 종교라서 자신도 믿으려고 노력했다. 거지나 다름없던 자신을 데려다 먹이고, 입히고, 가르치고, 자식처럼 사랑을 베푸는 일은 아무나 할 수 있는 일이 아니었다. 재형은 나타샤의 믿음을 따르는 게 사람의 도리라고 생각했다.

재형은 자신의 세례명을 표트르로 하고 싶다고 나타샤에게 부탁했다. 선장의 이름 세메노비츠와 표트르 대제의 이름을 따서 세례명을 표트르 세메노비츠 최로 받았다. 세례를 받은 후부터 나타샤와 선장은 재형을 표트르라 불렀다.

재형은 표트르란 세례명이 아주 특별하게 느껴졌다. 상트페테르부르크에서 표트르 대제를 영혼으로 만났고, 표트르 대제가 건설한 상트페테르부르크에 머무는 동안 그에게 크게 감동받은 걸 생각하면 할수록, 표트르 대제와 특별한 인연으로 엮인 것만 같았다.

재형은 학교생활에 최선을 다했다. 교장 선생님은 재형이 부지런하고 성실하다고 칭찬했다. 세례를 받은 후엔 더 열심히 공부했다.

재형이 학교를 졸업하던 해, 졸업하자마자 두 번째 항해를 떠났다.

두 번째 항해에선 선장이 직접 재형을 데리고 다니며 물건을 팔고 사는 방법을 가르쳐주었다. 그즈음 재형은 러시아어는 물론, 중국어와 영어도 어느 정도 말할 수 있게 되었다.

재형은 첫 번째 항해와 거의 비슷하게 바닷길을 돌아서 상트페테르부르크에서 겨울을 나고 이듬해 초여름에 다시 포시에트로 돌아왔다. 어느새 재형의 나이는 열일곱이 되었다. 재형은 목소리도 바뀌고 수염도 나기 시작했다.

빅토리아 호는 이제 너무 낡아서 항해를 계속할 수 없었다. 선장은 배를 팔고 포시에트를 떠나려 했다. 상트페테르부르크로 가서 나타샤와 편안히 노후를 보내며 살겠다고 했다.

나타샤가 어느 날 재형에게 말했다.

"표트르, 우리와 헤어지기 전에 국적을 바꾸는 게 좋겠는데, 넌 어떻게 생각하니? 우리는 너를 친아들로 생각한단다. 그동안 너와 함께 살면서 참 행복했어. 네 생각은 어떠니? 많이 고민했겠지?"

나타샤의 목소리에 물기가 배어 있었다. 재형은 눈물이 핑 돌았다. 세상에 이처럼 고마운 인연이 또 있을까. 재형은 세계를 돌아보면서 러시아에서 사는 한, 조선 사람보다는 러시아 국적으로 사는 것이 자신의 꿈을 펼치는 데 훨씬 유리할 것이라고 생각했다. 재형은 나타샤에게 고개를 끄덕였다.

"나타샤, 그렇게 할게요. 세메노비츠란 이름으로 세례를 받았으니 국적으로도 완전한 선장님의 아들이 되겠습니다."

재형은 목이 메어 더는 말을 이을 수가 없었다. 나타샤가 재형을 와락 끌어안고 울먹이며 말했다.

"고맙구나, 표트르. 너는 우리의 기쁨이었고 앞으로도 그러길 빈다."

재형은 나타샤의 품에 안겨 뜨거운 눈물을 흘렸다. 재형은 선장 부부가 상트페테르부르크로 떠나기 전에 러시아 국적으로 귀화 절차를 밟았다.

그동안 재형은 자신이 누구인가를 스스로 물어보았다. 러시아 국적을 얻었어도 여전히 러시아 사람보다 키도 작고, 얼굴 생김새도 확연히 달랐지만, 러시아 국민이 되었다는 사실은 러시아 땅에 사는 재형에게 새로운 힘이 되었다.

재형은 6년 동안 친자식처럼 보살펴준 선장 부부와 헤어지기 싫었지만 어쩔 수가 없었다. 선장은 블라디보스토크에서 크게 무역업을 하는 자신의 친구 세르게이에게 재형을 소개해주었다. 선장 부부가 상트페테르부르크로 떠나면서 재형에게 말했다.

"표트르, 사람은 만나면 언젠가는 헤어지는 거란다. 그동안 네가 있어서 아주 행복했어. 이제 성인이 되었으니 열심히 네 갈 길을 가거라. 내 친구 세르게이가 너를 잘 보살펴줄 거야. 너는 러시아어도 러시아 사람처럼 잘하고 중국말도 하니, 세르게이에게 꼭 필요한 사람이 될 게다."

"네, 모두 선장님 덕분입니다. 앞으로 선장님처럼 성실하게 누군가에게 도움이 되는 삶을 살겠습니다."

재형은 선장 부부에게 은혜를 입었기 때문에 꼭 그런 삶을 살고 싶었다. 재형은 선장 부부가 상트페테르부르크로 떠난 다음, 블라디보스토크로 거처를 옮기고 새로운 직장에서 일하기 시작했다. 재형이 취직한 회사는 모르스키 상사였다. 선장의 친구 세르게이는 재형을 아주 맘에 들어 했다.

재형은 잠시 틈을 내어 아버지를 찾고 싶었지만, 세르게이는 중국 상인들을 상대할 통역이 당장 필요하다며, 일단 바쁜 일부터 끝내면 나중에 휴가를 주겠다고 했다. 재형은 모르스키 상사에서 주로 중국 사람이나 조선 사람이 물건을 사고팔 때, 통역도 하고 물건의 출고를 관리하고 감독하는 일을 맡았다.

7
그리운 아버지

재형이 모르스키 상사에서 일을 시작한 지 한 달쯤 되는 날이었다. 어느 날 조선 상인이 찾아왔는데 어딘지 모르게 낯익은 얼굴이었다. 상대방도 재형을 유심히 살피면서 말을 걸 듯 말 듯했다. 재형이 먼저 입을 열어 러시아말로 물었다.

"까레이쯔입니까?"

"네. 그런데 당신도 까레이쯔요?"

상대방이 약간 어눌한 러시아어로 되물었다. 그때 재형의 머리에 문득 봉준이가 떠올랐다. 재형은 조선말로 물었다.

"혹시 함경도 경원을 아십니까?"

상대방이 재형의 말에 깜짝 놀라며 물었다.

"맞아요. 내 고향이 함경도 경원이고, 난 최봉준이오."

봉준이가 확실했다. 재형은 기뻐서 가슴이 터질 것처럼 반가웠다.

"형, 나 재형이야. 최재형!"

"뭐라고? 네가? 네가 재형이라고?"

재형은 봉준이를 얼싸안았다.

"형, 반가워. 내가 형 만나려고 집까지 뛰쳐나왔는데……."

"이럴 수가! 우리 도대체 얼마 만이냐?"

봉준이도 재형만큼 반가워했다. 그날 밤 재형은 봉준이와 술잔을 기울이며 많은 이야기를 나누었다. 봉준이도 배를 타고 장사한다고 했다. 지금은 종업원으로 일하지만, 자기 꿈은 자기 배의 선장이 되는 거라고 했다.

"형도 나도 참 특별한 인연이네. 나도 집을 뛰쳐나와서 수습선원으로 6년 동안 배를 탔어. 지금은 모르스키 상사에 다니고."

"너도 배를 탔다니 참 신기하다. 나도 배를 탔지만 너처럼 유럽까지 가보진 못했어. 난 마카오와 일본을 자주 다녔어. 야, 경원 땅을 떠나기 전에 너를 보고 오늘 처음 만났으니, 십 년도 넘은 것 같은데 이렇게 날 알아보다니 꿈만 같아."

"고향을 떠난 후 처음 만났으니 십 년이 넘고말고. 아버지와 함께 두만강을 건널 때는 형네 집을 찾아가려고 했어. 우리가 지신허에 도착했을 때는 형네 집이 지신허를 떠났다고 했고."

"그랬지. 몇 년 전에 아버지가 너희 집에 가셨던 적이 있어. 그런데 네가 집을 나가서 연락이 없다고 하더니 배를 탔구나. 네 아버지는 네가 죽은 줄 알고 있다고 하던데."

재형은 봉준이의 말에 가슴이 콱 막혔다. 그동안 한 번도 집에 연락하지 않은 게 정말 미안했다. 재형은 아버지 생각을 하자 갑자기 목이 메었다.

"형, 우리 아버지랑 식구들 별일 없겠지? 그렇지?"

"그래. 그런데 할아버지는 돌아가셨어. 네 아버지가 얼마나 억척이신지 많은 땅을 일궈서 이제 논밭도 많이 생겼대."

재형은 할아버지가 돌아가셨다는 말에 가슴이 철렁 내려앉았다. 아버지는 또 얼마나 늙으셨을까. 땅을 늘리느라 얼마나 고생했을지 눈에 선했다. 봉준이가 형수 이야기를 꺼냈다.

"그런데 네 형수가 걱정을 많이 했다더라. 너, 형수 때문에 집을 나왔다며?"

"맞아. 사실 형수 때문에 집을 나왔는데, 지금은 오히려 형수가 고마워."

재형의 말에 봉준이가 웃으며 말했다.

"네가 집을 나간 후 형수가 아버지한테 원망을 많이 들었대. 그런데, 너 그동안 한 번도 집에 안 갔어?"

봉준이가 재형에게 나무라듯이 물었다.

"그동안은 갈 틈이 없었어. 배를 타고 항해했고, 학교를 마치느라 시간이 없었어. 이제 졸업도 했고 직장도 구했으니 아버지를 뵈러 가야지. 하지만 지금은 자리를 비울 수가 없어. 중국 사람도 많이 드나들어 날마다 통역도 해야 하고. 상사에서 할 일이 무척 많아."

재형의 말에 봉준이가 놀라 물었다.

"너 학교도 다녔어? 중국말도 할 줄 알아?"

"응, 아주 고마운 선장 부부를 만나서 학교도 졸업했어. 세례도 받았는걸."

재형은 선장 부부 이야기를 하려니 코끝이 찡했다. 봉준이가 보드카를 많이 마셔서 약간 취했는지 혀가 꼬부라진 소리로 빈정거리듯 말했다.

"야, 굉장한데. 노비 자식인 네가 학교까지 마쳤다고? 야, 너 정말 용 됐구나."

재형은 비아냥거리는 봉준이의 말에 기분이 나빴다.

"나, 국적도 러시아로 바꿨어. 내 이름은 표트르 세메노비츠야."

재형의 말에 봉준이가 깜짝 놀라며 물었다.

"야, 뭐? 국적을 바꿨다고? 그렇다고 네가 완전한 러시아 사람이라고 착각하지 마. 넌 조선 사람이고 또 노비의 자식이라는 건 부인할 수 없어. 국적을 바꾼다고 근본이 바뀌나?"

재형은 봉준이를 만나서 처음엔 무척 반가웠는데, 이야기를 나누면 나눌수록 점점 자존심이 상했다. 하지만 봉준이가 보드카를 많이 마셨기 때문이라고 생각했다. 봉준이가 다시 말했다.

"학교보다 더 중요한 건 돈이야. 돈만 있으면 안 되는 게 없어. 난 앞으로 큰 장사꾼이 될 거야. 나, 그동안 돈 많이 모았다. 나 말이야. 곧 내 배도 살 거야. 조선이나 일본, 중국을 넘나들며 물건을 사고

팔아야지. 난 돈을 많이 벌어서 세계적인 거상이 될 거야."

봉준이는 장사에 대해 자신감이 가득 차 있었다. 재형은 오랜만에 봉준이를 만나 밤늦게까지 얘기를 하다 잠이 들었다. 이튿날 아침 봉준이는 서둘러 돌아갔다.

재형은 모르스키 상사에서 일하는 동안 봉준이와 가끔 마주쳤다. 하지만 서로가 바빠서 오래 만나지는 못했다.

모르스키 상사의 사장은 재형에게 중요한 일을 맡길 정도로 재형의 실력과 성실함을 인정해서 월급도 올려주었다. 재형은 수많은 상인을 상대하면서도 상트페테르부르크에 사는 선장 부부에게 늘 고마운 마음을 잊지 않았다.

3년 동안 열심히 일하니 돈이 차곡차곡 쌓였다. 재형은 아버지를 찾아갈 때가 되었다고 생각했다. 이제 재형도 스무 살이 되었고 형수도 재형을 어찌지 못할 것 같았다. 따지고 보면 형수 때문에 새로운 세상을 알게 되었으니, 이제 미운 마음도 없었다.

재형은 며칠 휴가를 얻어 포시에트로 가서 말을 빌려 타고 지신허로 향했다. 걸어서 다니던 길을 말을 타고 달리니 감회가 새로웠다. 재형이 말을 타고 달리는 길은 겨울에 눈이 발목까지 쌓였을 때도 버선은커녕 신발도 없이 맨발로 걷던 길이었다. 짚단을 들고 걸었던 길을 말을 타고 달리며 재형은 그때 얼어 죽지 않고 살았다는 게 오히려 신기했다.

이윽고 지신허를 떠난 지 거의 10여 년 만에 아버지와 함께 살던 마을에 도착했다. 그러나 동네는 사람이 살았던 흔적만 있을 뿐 사람 그림자조차도 찾을 수 없었다. 여기 저기 깨진 세간들이 나뒹굴고, 짝 잃은 연자방아 맷돌만 풀숲에 절반쯤 묻혀 조선 사람이 살았던 곳이라는 흔적을 보여주었다. 재형은 아버지와 식구들이 잘못되었을까 봐 가슴이 철렁 내려앉았다. 그러나 지신허에 살던 조선 사람 대부분이 얀치헤라는 곳으로 이주했다는 사실을 알아내고 나서야 안심이 되었다.

재형은 다시 말을 타고 얀치헤로 달렸다. 끝없는 평원을 한참 동안 달려 얀치헤에 도착하니, 제법 너른 밭에 옥수수와 수수 잎이 검푸른 파도처럼 출렁거렸다. 이곳은 지신허보다 땅이 기름져 보였다. 집들도 제법 모양새를 갖춰서 지신허에서처럼 움집이 아니었다. 밭에서 일하던 노인이 말을 타고 나타난 재형을 보고 밭둑으로 걸어 나왔다. 아버지는 어디 살고 있을까. 오랜만에 조선 사람을 보니 재형은 아버지를 만난 것처럼 가슴이 뛰었다. 재형은 말에서 내려 노인에게 물었다.

"지신허에서 이주해 오신 아버지를 찾습니다. 제 부친 함자가 최흥자 백자이십니다."

상투를 튼 노인이 재형을 유심히 살피며 물었다.

"자네가 그럼 어릴 때 집을 나갔다는 최 영감의 둘째 아들인가?"

"네, 제가 둘째 아들 재형입니다."

노인이 고개를 끄덕이며 멀리 보이는 집을 손으로 가리켰다. 재형은 노인에게 인사하고 얼른 말 위에 올라 채찍으로 말 엉덩이를 내리쳤다.

집 앞에 다다르자 마당에서 놀던 아이들이 달려오는 말을 보고 집 안으로 얼른 숨었다. 재형이 말에서 내리니 형수가 집에서 나오다가 재형을 보고 깜짝 놀랐다. 재형은 정중하게 형수에게 예의를 갖췄다.

"형수님, 그간 안녕하셨습니까?"

"아니, 이게 누구예요? 도, 도련님이!"

"아버지는 어디 계십니까?"

"밭에 나가셨어요. 저기."

형수가 아버지가 있는 밭을 손으로 가리켰다. 재형은 형수가 처음으로 말을 놓지 않는 걸 알고 안심이 되었다. 재형은 말에서 짐을 내린 다음, 마당에 있는 나무에 말을 매어두고 아버지를 만나러 밭으로 걸어갔다. 아버지는 허리가 많이 굽은 채 밭에서 일하고 있었다. 재형이 바짝 다가갔을 때서야 아버지가 재형을 알아보았다. 아버지는 그 사이 머리가 하얗게 세고, 얼굴에도 굵은 주름살이 깊게 패어 있었다. 그런 모습을 보니 재형은 금세 눈시울이 뜨거워졌다.

"아버지! 저예요. 재형이에요. 흐흑."

재형은 목이 메었다. 아버지가 흙투성이 손을 털고 두 눈을 비비더니 깜짝 놀라 소리쳤다.

"아니, 너? 재형이구나. 아이고. 내 아들. 살아 있었구나!"

아버지가 재형을 두 팔로 끌어안았다. 재형도 아버지를 얼싸안았다. 땀에 밴 아버지 냄새가 가슴까지 파고드는 순간, 재형은 격한 감정에 휩싸여 자신도 모르게 울음이 터져 나왔다.

"아버지, 너무 늦게 와서 죄송해요. 절 받으세요."

재형은 땅에 넙죽 엎드려 절을 했다. 아버지가 재형을 일으켜 세웠다.

"이놈아, 어디 있다가 이제 나타난 게야. 우린 네가 죽은 줄만 알았다. 어서 집으로 가자. 네 할아버지가 너 때문에 눈을 못 감고 돌아가셨다."

재형은 할아버지란 말에 울컥 목이 잠겼다.

"할아버지는 언제 돌아가셨어요?"

"네가 집을 나가고 그다음 해부터 시름시름 앓으셨어. 날마다 너를 기다리는 게 일이었다. 그렇게 일 년을 앓다 돌아가셨어. 그 후에 거길 떠나 이곳으로 왔어. 나중에 지신허에 있는 산소에 가서 살아 돌아왔다고 인사를 드리거라."

"네, 아버지."

재형은 할아버지 생각에 더 눈물이 나왔다. 재형은 장작처럼 바싹 마른 아버지를 부축하며 집으로 돌아왔다. 형수는 재형이 돌아왔다고 잔칫상이라도 차릴 듯이 야단이었다.

그날 밤 아버지와 형 내외는 재형의 이야기를 듣느라 밤을 꼬박 새웠다. 재형은 그동안 살아온 이야기를 마치고 아버지에게 어렵게 입을 떼었다.

"아버지, 사실은 드릴 말씀이 있습니다."

"그래. 할 말이 오죽 많겠냐? 어서 해보아라."

"저, 국적을 러시아로 바꿨습니다."

"뭐? 국적을 바꿨다고?"

아버지는 재형의 말에 눈을 동그랗게 뜨며 화를 냈다.

"이놈아, 아주 아비와 연을 끊을 작정이었냐? 국적을 바꾸다니? 그럼 조선 사람이 아니라는 말이냐?"

"아버지, 미리 여쭙지 못해 죄송해요. 하지만 국적만 바꿨을 뿐입니다. 저는 여전히 아버지 둘째 아들이고, 형의 동생입니다. 러시아 땅에 살려니 취직도 해야 하고, 국적을 바꾸는 게 여러 가지로 좋겠다고 선장 부부가 서둘렀어요. 아버지께 여쭤보지 못해서 늘 죄송했습니다."

아버지는 재형의 말을 듣고 한참 생각하더니 입을 열었다.

"요즈음 국적을 바꾸는 조선 사람들이 하나둘 늘어나고 있지. 러시아에서는 조선 사람에게 귀화하여 러시아 국적으로 바꾸라고 권한다는 말도 돌더라. 농사지을 땅도 러시아 국적으로 바꿔야 온전히 자기 것이 될 수 있다고 하더구나. 우리 집안이 뼈대 있는 집안도 아니고, 네 앞날이 창창하게 된다면 잘한 일인지도 모르겠다. 이 땅에서 살려면 어쩔 수 없는 일인지도 모르고. 어찌 보면 노비 신분에서 완전히 벗어나는 길이겠구나. 이제 너도 성인이니 네 삶은 네가 알아서 잘 헤쳐나가야지."

아버지가 혼잣말처럼 말끝을 흐렸다.

이튿날이 되자 이웃에 사는 마을 사람들이 재형을 보러 찾아왔다. 재형이 러시아말을 배우고, 항해하며 세계를 돌아다녔다는 말을 들은 마을 사람들은 경이로운 눈으로 재형을 부러워했다. 아버지도 성공해서 돌아온 재형을 무척 자랑스러워했다.

형수는 조카를 둘이나 더 낳아서 조카가 모두 셋이었다. 아버지는 밤낮없이 쉬지 않고 일을 해서 꽤 넓은 밭에 옥수수와 수수와 콩을 심었고 논도 약간 있었다.

형수는 재형을 볼 때마다 어려워하는 것 같았다. 재형은 식구들이 없을 때 형수에게 말했다.

"형수님, 형수님께 늘 미안했어요. 지금은 형수님 덕에 넓은 세상을 돌아보게 되었으니 오히려 형수님이 고맙습니다."

"도련님, 그렇게 말씀하시니 고마워요. 그땐 너무 살기 어려워서……."

"알아요. 그동안 고생 많으셨어요."

형수의 맘을 풀어주고 나니 재형은 형수 대하기가 한결 편했다.

재형은 며칠 동안 얀치헤를 돌아보았다. 조선 사람들은 여전히 가난에 허덕이며 살았다. 조선보다 겨울이 길어 봄인 듯하면 금세 여름이 되고, 가을도 짧아 그만큼 가을걷이도 서둘러야 했다. 조선 사람들은 농사를 천직으로 알았다. 하지만 농사를 지어 두 배의 이익을 내는 일은 무척 어려웠다. 장사하면 열 배, 스무 배의 이익을 낼 수 있으니, 농사도 돈이 될 만한 작물을 심어야 한다는 생각이 들었다.

'이 드넓은 초원에 가축을 키우면 좋겠어.'

재형은 블라디보스토크에 있는 모르스키 상사를 그만두고, 그동안 모은 돈으로 얀치혜에 농장을 만들고 싶다는 생각이 문득 들었다. 말과 소와 닭과 돼지를 키워 블라니보스토크에 있는 시장에 팔면, 농사만 짓는 것보다 훨씬 많은 수익을 올릴 수 있을 것 같았다.

재형은 블라디보스토크로 돌아가 모르스키 상사의 세르게이 사장에게 앞으로 하고 싶은 일을 이야기했다. 세르게이는 재형이 그만두는 것을 아쉬워했지만, 마침 통역을 할 수 있는 좋은 사람이 나타나 재형은 사표를 냈다. 세르게이는 재형에게 언제든 다시 오면 기꺼이 자기를 도와달라고 말했다.

재형은 얀치혜로 가기 전에 오래전 집을 뛰쳐나올 때 책을 빌렸던 친구 아나톨리를 찾아갔다. 아나톨리는 재형이 다녔던 학교에서 선생이 되어 있었다. 재형은 아나톨리에게 주려고 준비한 선물과 책을 내밀며 말했다.

"용서를 빌려고 찾아왔어. 그때 책을 돌려주지 못해 정말 미안해."

아나톨리는 재형의 말에 감격하며 물었다.

"난 벌써 잊어버렸는데 이렇게 찾아와주다니 고맙다. 갑자기 학교에도 안 나와서 무슨 일이 있겠구나 짐작했어. 그동안 어디 있었어?"

재형은 아나톨리와 밤을 새워가며 그동안 있었던 일을 이야기했다.

"대단하구나. 표트르, 내가 가르치는 아이 중에도 조선 아이들이 있어. 그 애들과 부모를 보면 조선 사람들이 근면하고 끈기가 있어 자주 놀라지. 이렇게 잊지 않고 선물까지 주다니, 정말 표트르 멋지다. 진짜 멋진 친구야."

 아나톨리가 재형의 손을 굳게 쥐고 눈을 맞췄다. 아나톨리는 재형이 얀치헤에서 하려는 일 이야기를 듣고 잘 생각했다며 앞으로 자주 만나자고 했다.

8

얀치헤의 새 출발

얀치헤로 돌아온 재형은 그동안 모은 돈으로 새집을 지었다. 아버지는 서둘러 조선 처녀 중에서 재형의 색싯감을 찾아 혼인을 시켰다. 그즈음 얀치헤에 있는 러시아 병영에서 재형을 찾아왔다.

"표트르 씨, 모르스키 상사 대표인 세르게이 씨의 소개로 당신을 찾아왔소. 우리는 지금 중국어를 잘하는 통사가 필요하오. 보수는 원하는 대로 드릴 테니 통사를 맡아주시오."

재형은 갑작스럽게 통사로 일하게 되자 자신이 계획한 여러 가지 일을 형에게 맡겼다. 그리고 곧바로 러시아 병영에서 통사로 일하게 되었다. 얀치헤뿐만 아니라 연해주 전체에서 재형만큼 러시아어를 잘하는 조선 사람도 없었고, 오랜 항해로 세상 물정에도 재형보다 넓은 견문을 가진 사람이 없었다.

러시아 병영에서는 조선 사람들과 중국 사람들이 일하고 있었는데, 재형은 그들의 대변인이 되어 공정하게 통역해주었다.

재형은 통사로 일하면서도 어떻게 하면 얀치혜의 조선 사람들이 잘살 수 있는지 방법을 찾느라 고심했다. 꼼꼼히 살펴보니, 러시아 병영에서는 늘 고기와 달걀이 부족했다. 재형은 얀치혜에 사는 조선 사람들에게 집집이 돼지와 닭을 키우게 하고, 달걀과 고기를 러시아 병영에 팔 수 있게 해주었다. 재형의 말대로 열심히 닭과 돼지를 키운 사람들은 농사를 짓는 것보다 몇 배의 이익을 더 낼 수 있었다. 러시아 병영에서도 재형을 통해 조선 사람들이 생산한 고기와 달걀을 얻을 수 있어서 무척 좋아했다.

재형은 늘 바빠서 아내와 오붓한 시간도 제대로 갖지 못했다. 재형이 러시아 병영에서 통사로 열심히 일하자, 러시아 관원들은 재형을 신임해 1년 후에는 안지혜 남도소의 시기로 삼았다. 그해 아내가 아들을 낳았다. 재형은 고향을 생각하며 아들 이름을 '구름 속을 나는 학'이라는 뜻으로 운학이라 지었다. 러시아식 이름은 표트르 페트로비치였다.

러시아는 재형이 태어나던 해부터 나라의 동쪽을 개발하기 시작했다. 도시 이름을 '동방을 정복하라'는 뜻으로 블라디보스토크라 짓고, 해군이 주둔하게 했다. 러시아는 서쪽의 도시들, 모스크바와 상트페테르부르크, 그리고 아르한겔스크를 문화와 역사가 공존하는 화려한 도시로 만들었다. 하지만 동쪽은 우랄 산맥이 가로막고 있는

데다, 시베리아의 혹독한 추위 때문에 그때까지도 러시아의 동서를 가로지르는 도로가 없었다.

러시아는 블라디보스토크를 건설하면서 조선과 중국, 그리고 러시아 세 나라이 국경이 맞닿아 있는 히싼에서 블라디보스도크를 거쳐 라스돌로예, 자나드워롭카, 바라바시, 슬라비얀카, 노보키예프스크, 크라스노예 촌까지 연결하는 군사도로를 만들기 시작했다. 이 도로공사에 조선 사람들이 많이 참여했고, 러시아 도로국은 재형을 특별통사로 채용했다.

도로국 특별통사가 되던 해, 아내는 딸을 낳았다. 재형은 딸의 이름을 베라 페트로브나로 지었다. 재형은 아내와 아이들이 얼마나 사랑스러운지 몰랐다.

재형이 도로국 관리와 함께 말을 타고 공사 현장을 둘러보는 날이었다. 조선 사람들이 일하는 구간에서 싸우는 소리가 크게 들렸다. 가까이 다가가 보니 조선 사람 하나가 피투성이가 되어 쓰러져 있었다. 자초지종을 알아보니, 러시아 사람인 감독은 일꾼인 조선 사람과 말이 통하지 않자 자신에게 대든다고 오해하고 그를 때린 것이었다. 상황이 이렇게 되자 조선 사람들은 모두 일을 하지 않겠다고 버티는 중이었고, 러시아 감독은 조선 사람들을 거칠게 몰아붙이고 있었다.

재형은 조선 사람들의 사정 이야기를 듣고 도로국 관리에게 엄하게 조사해달라고 부탁했다. 재형이 보기에도 조선 사람들과 러시아 감독들 간에 말이 통하지 않아서 서로 믿지 못하는 상황이었다.

도로국에서 상황을 알아본 후에 재형에게 말했다.

"얀치헤에서 멍고개까지는 당신이 맡아서 공사해주면 좋겠소."

"제가요?"

"그렇소. 당신이 공사 전체를 도맡아 하고 구간마다 조선 사람으로 십장을 두고 관리하면서 공사해주시오. 이곳은 러시아 사람보다 조선 사람들이 많이 사는 곳이니 당신이 맡아서 하는 게 좋을 것 같아서 하는 말이오. 그렇지 않으면 앞으로도 이런 일이 자주 일어날 것이고, 서로 불신이 커져서 공사도 늦어질 것 같아서 부탁하는 겁니다."

"알겠습니다."

재형은 중재하려고 나섰다가 도로국 관리의 뜻에 따라 얀치헤에서 멍고개까지 도로공사 진체를 맡게 되었다. 도로국에서는 재형에게 조선 일꾼과 중국 일꾼 300여 명을 지원해주었다. 재형은 그들 중에서 러시아말을 할 줄 아는 조선 사람들을 골라서 각 구간마다 러시아 감독과 제대로 이야기를 나누며 일하게 했다.

아내는 또 딸을 낳았다. 둘째 딸의 이름은 나제즈다 페트로브나로 지었다. 재형은 어느새 세 아이의 아버지가 되어 아이들의 재롱을 보는 것이 가장 큰 행복이었다. 그러나 맡은 일 때문에 집에 오래 머물 수가 없었다.

재형이 맡은 도로공사는 매우 힘든 공사였다. 도구라고는 삽과 곡괭이와 들것밖에 없었다. 길을 내기 위해 곡괭이로 땅을 파고, 나무

뿌리를 캐내고, 삽으로 흙을 퍼내고, 들것으로 돌과 흙과 파낸 나무를 운반하는 일을 모두 몸으로 해야 했다. 한겨울에는 추위 때문에 공사를 제대로 할 수가 없었다. 날이 풀려도 길이 진창으로 변하기 일쑤여서 수렁처럼 발이 빠져 여간 곤란한 게 아니었다.

다음 해, 재형의 아내는 네 번째 아이를 낳다가 아이와 함께 목숨을 잃었다. 재형은 갑자기 혼자가 되어 세 아이를 맡아 키우게 되었다. 형수가 아이들을 돌봐주긴 했지만, 행복했던 보금자리가 하루아침에 낭떠러지로 추락해버린 것 같았다. 재형은 아내 대신 아이들을 늘 돌보아야 하는데, 일 때문에 그럴 수가 없어서 무척 안타까웠다.

이웃에 사는 엘레나가 아이들을 돌봐주었다. 엘레나는 재형의 큰딸 베라보다 다섯 살이 많은 조선 처녀였는데, 베라의 친언니처럼 아이들을 보살펴주며 재형을 헌신적으로 도왔다.

어느 날이었다. 십장들과 조선 일꾼들이 삿대질하며 싸우고 있었다. 일꾼들은 자신들이 받은 품삯이 러시아 사람들보다 터무니없이 적다면서 불평했고, 십장들은 도로건설국에서 지급한 돈을 다 주었는데 왜 그러느냐고 일꾼들을 다그쳤다. 일꾼들은 열심히 일해도 아무 소용이 없다며 일을 못 하겠다고 맞섰다. 도로건설국의 러시아 감독들은 이유도 듣지 않고 일꾼들을 거칠게 대했다. 일꾼들이 계속 항의하자 러시아 감독은 건장한 러시아 사람들을 불러와 폭력까지 쓰면서 강제로 일을 시켰다. 그런데도 조선인 십장들은 조선 사람 편을 들지 않고 러시아 감독 편을 들었다. 재형이 보기에 십장들과 일꾼들 간에 불신의 골이 아주 깊어 보였다. 재형은 보고만 있을 수가 없었다.

"무슨 일입니까?"

재형이 나타나자 일꾼들이 말했다.

"우린 믿을 만한 사람이 없어요. 십장들이 러시아 감독과 짜고 같은 나라 사람인 우리의 임금을 뒷주머니에 챙기고 있어요. 우린 억울해요. 러시아 사람보다 더 열심히 일하는데도 품삯은 러시아 사람보다 터무니없이 적게 받았어요. 우리 지역 십장이 우리 품삯을 가로챈 게 분명해요. 동족끼리 어떻게 이런 일이 있을 수 있습니까. 당신이 이곳 책임자라고 들었는데, 해결해주세요."

재형은 불공정하게 품삯을 지급했다면 반드시 바로잡아야 할 책임을 느꼈다. 재형은 일꾼들을 다독거렸다.

"제가 알아볼 테니 일단 일하고 계세요. 동족끼리 서로 싸우는 모습을 보면 러시아 사람들이 우리 조선 사람들을 어떻게 보겠습니까. 저를 믿고 기다려주십시오."

재형은 사무실로 돌아와 십장들을 불러 자세한 사정을 알아보았다. 러시아 도로국에서는 러시아 일꾼들과 똑같이 품삯을 지급했는데, 중간에서 십장들이 가로챘다는 걸 알 수 있었다.

재형은 십장들을 모두 불러 모았다. 나라 밖에까지 와서 서로 돕지는 못할망정 힘들게 일하는 동족의 임금을 떼어내 자신의 주머니를 채우다니, 가슴이 분노로 끓어올랐다. 드넓은 세상을 돌아보며 어떻게 사는 것이 가장 보람 있는 삶일까 늘 생각하던 재형은, 세상의 한 귀퉁이 손톱만 한 곳에서 벌어지는 이 일이 몹시 실망스러웠다. 조국을 떠나 낯선 땅에서 살아가는 조선 사람들은 서로 도우며 살아도 외롭고 어려운 일이 많은데, 일꾼들이 러시아말을 모른다는 약점을 이용해 품삯까지 떼어내는 십장들이 한심하게 느껴졌다.

재형은 십장들에게 화를 내며 가로챈 일꾼들의 임금을 돌려주라고 했다.

"우리가 서로 보호하고 감싸 안아야 러시아 감독들도 우리를 함부로 보지 못합니다. 동족끼리 서로 믿고 의지해도 모자랄 판에 서로 불신을 만들어서야 되겠소?"

재형의 말에 십장들이 불만스럽게 대꾸했다.

"당신도 영웅인 척하지 말고 우리를 이해해주시오. 솔직히 우리가 통역을 안 해주면 일할 수 없는 사람들이 고맙다는 인사는 없고. 에이, 참. 당신도 이 기회에 한몫 챙겨요."

재형은 어처구니가 없었다. 십장들은 말로 설득할 사람들이 못 되었다. 재형은 단호하게 말했다.

"계속 제 말을 무시한다면 저도 가만히 있지 않겠어요. 러시아 도로관리국에 통보해서 당신들을 모두 해고하겠소."

재형은 실제로 도로국 책임자인데다, 러시아의 신임을 얻고 있던 터라 마음만 먹으면 십장들을 도로공사에서 영원히 손 떼게 할 수 있었다.

십장들은 그제야 재형의 말을 새겨들었다. 십장들 중에는 일꾼의 임금을 가로채는 일이 마음에 걸리면서도 어쩔 수 없이 비양심적인 십장들과 행동을 같이할 수밖에 없었다며, 이제 후련하다고 고백하는 사람도 있었다. 그 후부터 일꾼들과 십장들 사이에 신뢰가 회복되었고, 조선 사람들은 전보다 더 열심히 일했다. 재형이 책임진 공사 구간은 공사 기간을 훨씬 앞당길 수 있었다.

  재형은 도로를 건설하는 동안 조선 사람들이 차별대우를 받지 않도록 세심하게 신경 썼다. 어려운 일이 닥치면 어디든 달려가 조선 사람들의 편에 서서 일을 처리했다. 얀치헤에서 멍고개까지 도로건설이 끝난 후에, 러시아 정부는 재형에게 도로공사를 무사히 잘 마쳤다고 은급훈장을 주었다.

9
도헌이 되어

    재형은 은급훈장을 받은 후 조선 사람들을 모아 잔치를 베풀었다.
    "여러분. 제가 은급훈장을 받은 것은 다 여러분 덕분입니다. 저를 믿고 열심히 일해 준 여러분이 이 훈장의 주인입니다. 그 보답으로 마련한 자리입니다. 정말 고맙습니다."
    재형의 말에 모두 손뼉을 쳤다. 재형은 누구에게나 똑같이 이웃집 아저씨처럼 친근하게 대했다. 조선 사람들은 누구든지 의논할 일이 있으면 재형을 찾아와 어려워하지 않고 이야기했다. 그때마다 재형은 옆집 형이나 이웃집 아저씨처럼, 편안하게 사람들의 말을 들어주고 의논 상대가 되어주었다. 조선 사람들은 그런 재형을 의지하며 믿고 따랐다.
    러시아는 시베리아를 동서 정구로 나누어 총독을 두고, 관할구역을 주와 도로 나누었다. 1883년에는 서부 정구를 독립된 주와 도로

변경하여 러시아 중앙정부 아래 두고, 동부 정구는 동부시베리아 총독 정구와 흑룡 총독 정구 둘로 나누었다. 조선 사람들이 많이 사는 연해주와 아무르 주는 프리아무르 주로 통합하고, 그 밑에 군, 읍을 두었다. 조선 사람들이 사는 마을을 읍으로 만들었는데, 재형이 사는 얀치혜도 읍이 되었다. 어느 날 프리아무르 주 총독이 재형을 불렀다.

"얀치혜가 읍이 되었는데, 표트르 씨가 읍장인 도헌을 맡아주면 좋겠소."

재형은 도헌이란 말에 깜짝 놀라 물었다.

"예? 제가 도헌을요?"

총독이 재형에게 부탁했다.

"당신이 가장 적임자라고 생각하기에 하는 부탁이오. 도로공사를 할 때 이미 조선 사람들의 신망을 얻었고, 러시아 정부에서도 당신을 신임하고 있소."

"총독님의 말씀은 이해하지만, 도헌이 되자면 조선 사람들의 추대를 받아야 하지 않을까요?"

"조선 사람들은 당신이라면 만장일치로 찬성할 것이오."

"그걸 어떻게?"

총독이 웃으며 재형에게 말했다.

"표트르 씨, 당신에게 도헌을 맡으라고 부탁할 때는 이미 모든 걸 알아보고 내린 결정이오. 내 말대로 도헌이 되어 주시오."

재형은 처음에는 어리둥절했지만 러시아와 조선 사람 사이에 재형만큼 적임자가 없다는 말에 용기를 내서 도헌에 출마했다. 조선 사람들은 총독의 말대로 만장일치로 재형을 도헌으로 추대했다. 재형의 나이 서른다섯이었다.

얀치헤의 첫 번째 도헌이 된 재형에게 러시아 정부는 은급훈장을 주었다. 러시아 정부에게서 받은 두 번째 은급훈장이었다.

재형은 도헌이 되자마자 얀치헤에 사는 조선 사람 중 단 한 명도 배곯는 사람이 없게 하고 싶었다. 본격적으로 조선 사람의 삶을 더 낫게 만들 수 있는 방법을 찾았다. 블라디보스토크 병영에서 통사로 일하면서 군인들이 뭘 필요로 하는지 알았기 때문에, 조선 사람들에게 군인들의 생필품을 생산하게 해 얀치헤 읍의 재정으로 활용하기로 했다.

재형은 선장 부부와 함께 항해하면서 무엇이 돈이 되는지 경험을 쌓았고, 자연히 이재에 눈이 밝았다. 항해를 마친 후에도 블라디보스토크의 모르스키 상사에서 일했기 때문에, 장사에는 누구보다 자신이 있었다.

재형은 조선 사람들을 마을회관으로 불러 어떻게 하면 잘살 수 있는지 설명회를 열었고, 자신의 판단으로 돈이 되는 사업들을 알려주면서 적극적으로 참여하게끔 권했다.

"지금 블라디보스토크에는 군인들의 수가 점점 늘어나고 있습니다. 앞으로 점점 더 많은 고기와 우유가 필요할 겁니다. 마을 공동자금을 풀어 육우와 젖소를 살 테니 정성을 다해 키우세요. 돼지와 닭고기,

달걀도 많이 찾을 것입니다. 그리고 열심히 밭을 일궈서 채소와 꽃을 가꾸세요. 고기가 필요한 만큼 신선한 채소도 더 필요합니다. 그리고 러시아 사람들은 특별한 날이 되면 꽃을 많이 찾습니다."

재형의 말을 들은 조선 사람들은 너도나도 부자가 되려는 꿈을 안고 열심히 일했다. 재형은 마을 공동 자금으로 모터가 달린 탈곡기를 사서 마을마다 돌아가면서 쓰게 했다.

또 바닷가 마을 슬라비얀카에 사는 조선 사람들에게는 고기잡이 철이 돌아오면 마을별로 공동 어망을 이용해 물고기를 잡게 했다. 공동으로 잡은 고기는 모두 공평하게 나누었다.

연어 산란 철이 되면 연해주의 강줄기를 따라 태평양에서 연어 떼가 구름처럼 몰려왔다. 재형은 어민들에게 강을 거슬러 올라오는 연어 떼를 어망으로 잡게 했다. 연어 알은 러시아 군인들이 빵과 함께 먹는 고급음식이어서 굉장한 돈이 되었다.

재형의 예측대로 여름이 되자마자 러시아 해군의 대함대가 블라디보스토크에 정박했고, 군인과 군인가족에게 식료품과 과일이 무척 많이 필요했다. 러시아는 극동 지역의 방위력을 강화하려고 블라디보스토크에 군대를 파견하고 군인들이 지낼 수 있는 시설들을 짓기 시작했다.

재형은 군인들에게 필요한 육류를 제때 공급할 수 있도록 조선 사람들에게 돼지와 닭을 키우게 하고, 부족한 부분은 중국 사람들이 키우는 여윈 닭이나 돼지들을 싼값에 사다가 살을 찌워서 팔게 했다. 재형이 시키는 대로 성실하게 일한 조선 사람들은 돈을 많이 벌 수 있었다.

얀치헤 읍의 재정도 재형의 예상대로 풍부해졌다. 재형은 마을 공동자금이 늘어나자 마을에 공원도 만들었다. 평생 일만 하던 아버지를 생각하며 마을 사람들이 공원에서 휴식하며 즐기게 하고 싶었다. 그런 생각을 하게 된 것은 상트페테르부르크에 가서 아름다운 도시의 모습을 보았기 때문이기도 했다. 자신이 도헌으로 있는 얀치헤도 상트페테르부르크만큼은 아니더라도 아름답게 꾸미고 싶었다. 재형은 마을에 과일나무를 심고 문화휴식 공원을 만들었다.

재형은 조선 아이들을 교육받게 하고 싶었다. 그러나 조선 사람들은 자식들을 러시아 학교에 보내는 것을 별로 좋아하지 않았다. 러시아 관공서에서 아이를 학교에 보내라고 통지문을 보내면, 자기 자식 대신에 품삯을 주고 남의 자식을 보내는 경우까지 있었다. 그 무렵까지도 조선 사람들은 한문만 공부라고 생각하고, 러시아말이나 글은 배울 필요가 없다고 여기고 있었다.

재형은 자신이 얀치헤의 도헌이 될 수 있었던 가장 큰 이유가 교육을 받았기 때문이라고 생각했다. 그래서 사람들에게 자신의 경험을 들려주면서 아이들이 학교에 다니며 배우는 것이 얼마나 중요한지 강조하고 설득했다. 재형은 자기 아이들을 먼저 학교에 보내서 조선 사람들이 자신을 따라오도록 했다.

재형은 학교를 짓고 싶었다. 그러나 자신이 번 돈과 얀치헤의 재정

만으로는 턱없이 부족했다. 재형은 뜻을 같이할 만한 조선 사람을 찾아다니며 교육의 필요성을 강조하고 지원을 요청했다. 재형의 권유로 돈을 번 사람들도 교육에는 선뜻 지원하지 않아, 몇몇 사람만으로 학교를 열기가 쉽지 않았다.

재형은 아나톨리를 찾아가서 의논했다. 재형은 도헌이 되고 나서 아나톨리가 있는 학교에 책과 교재를 지원해주었다. 그렇게 해서라도 옛날의 빚을 갚고 싶었다. 아나톨리는 재형의 의리를 소중하게 여기며 학교를 세우는 일을 많이 도우려 노력했다.

재형은 드디어 얀치헤 마을에 최초로 니콜라예프스코예 소학교를 세웠다. 학교를 지은 후, 가난한 조선 학생들이 공부할 수 있도록 2,000루블을 후원금으로 내놓았다. 학교를 졸업한 학생들에겐 공부를 계속할 수 있도록 유학비도 대주었다. 그들이 유학을 마치면 고향에 와서 후배를 가르치게 했다.

러시아 정부는 재형의 이러한 공로를 높이 인정해서 금훈장을 수여했다. 재형이 세운 최초의 조선인학교 니콜라예프스코예 소학교는 몇 년 후 연해주에서 최우수 소학교로 평가받았다.

재형은 계속해서 조선 사람들이 거주하는 마을마다 학교를 설립해서 무려 32개 마을에 소학교를 세웠다. 또 고등중학교도 세우고, 우수한 졸업생들을 선발하여 블라디보스토크, 우수리스크 등 큰 도시 학교로 유학을 보냈다.

그 무렵 재형은 당시 돈으로 대단히 많은 액수의 봉급을 받았다. 재형은 그 돈을 전부 은행에 넣어두고 그 이자로 조선 아이들을 해마다 한 명씩 뽑아서 상트페테르부르크에 있는 대학으로 유학을 보냈다.

재형은 몸이 열 개라도 부족할 정도로 교육 사업에 열성을 바치면서 집으로 돌아오면 아이들이 엄마의 빈자리를 느끼지 않게 자상한 아버지가 되려고 노력했다.

그러던 어느 날 아버지가 갑자기 쓰러지셨다. 평생 일밖에 모르던 아버지는 쓰러진 지 열흘 후에 영원히 눈을 감으셨다. 재형은 아버지를 지신허의 할아버지 옆에 모셨다. 아버지마저 돌아가시니 집 안이 텅 빈 것 같았다.

재형은 더 열심히 도헌의 자리에서 모든 일에 최선을 다했다. 러시아 정부는 재형의 성실함과 능력을 인정하여, 크렘린 궁에서 거행하는 니콜라이 2세의 대관식에 재형을 초청했다.

10

니콜라이 2세 대관식에 가다

 니콜라이 2세는 로마노프 왕조의 마지막 황제였다. 아버지 알렉산드르 3세가 세상을 떠나자, 그 뒤를 이어 황제에 오르게 된 것이다. 러시아는 황제의 대관식을 가장 성대하고 신성한 국가 최고의 행사로 여겼다.

 재형은 연해주에 사는 10만여 명의 조선 사람을 대표하여 니콜라이 2세의 대관식에 초청받았다. 그 일은 연해주 일대에 사는 조선 사람 모두의 기쁨이자 영광이었다.

 재형이 상트페테르부르크로 떠나는 날이었다. 딸 베라가 엘레나와 함께 배웅하며 말했다.

 "아버지, 오늘따라 아버지 어깨가 너무 허전해 보여요. 다녀오시면 재혼을 생각해보세요."

 재형은 갑작스러운 딸의 말에 어리둥절했다. 엘레나가 그런 재형을 안타깝게 바라보았다. 재형의 가슴에 엘레나의 눈빛이 알 수 없는 여운으로 남았다. 마을 사람들도 마을 입구까지 나와 재형을 배웅했다.

"도헌님, 잘 다녀오십시오. 도헌님은 조선 사람들의 영광입니다."

재형은 아내와 아버지가 살아계셨으면 얼마나 기뻐할까 생각하니 자꾸만 눈앞이 흐려졌다.

재형은 수행원 둘과 함께 블라디보스토크에서 시베리아 횡단열차를 타고 상트페테르부르크로 향했다.

대관식이 거행되는 날, 재형은 니콜라이 2세가 내린 예복을 입고 크렘린 궁으로 들어갔다. 새 황제의 대관식을 보기 위해 유럽 여러 나라 대공들과 귀족들도 아름다운 예복을 갖춰 입고 정해진 자리에 앉아 있었다. 재형은 머리에 왕관을 쓴 유럽 여러 나라의 대공들을 가까이에서 보는 것만으로도 눈이 부셨다. 세계 여러 나라에서도 니콜라이 2세의 대관식을 축하하기 위해 많은 사절단이 와 있었다.

이윽고 대주교가 대관식을 거행한다고 선포했다. 니콜라이 2세와 황비인 알렉산드라가 사원 안으로 들어오자 각 나라의 대공과 사절단이 일제히 자리에서 일어났다.

대주교는 화려한 보석이 박힌 커다란 왕관을 엄숙하게 니콜라이 2세에게 내렸다. 황비인 알렉산드라는 니콜라이 2세 앞에 무릎을 꿇었다. 니콜라이 2세는 왕관을 알렉산드라의 머리에 잠시 얹었다가 다시 자신의 머리에 얹었다. 황태후 마리는 니콜라이 2세에게 입을 네 번 맞추고, 알렉산드라에게는 두 번 맞추었다. 그러자 성가대의 축가가 사원 안에 장엄하게 울려 퍼졌다. 니콜라이 2세는 알렉산드라와 붉은 계단에 서서 주교에게 인사를 세 번 하고 새 황제가 되었음을 선포했다.

　재형은 조선에서 온 사절단을 찾아보았으나, 아무리 찾아도 사원 안에는 조선 사람이 보이지 않았다. 대관식이 진행되는 동안 수행원에게 조선 사절단이 어디 있는지 알아보라 일렀다. 잠시 후 수행원이 재형의 귀에 대고 말했다.
　"조선에서 온 사람들은 갓을 벗지 않아 사원에 들어올 수 없었답니다. 그래서 삼위일체를 모신 망루에서 대관식을 참관하고 있다고 합니다."
　"뭐? 망루에서?"
　"예. 조선뿐만 아니라 페르시아, 터키, 청나라에서 온 사절단도 모두 모자를 벗지 않아서 함께 있다고 합니다."
　재형의 눈앞에 갓을 쓴 사람들이 떠올랐다. 조선에서는 양반이면 모두 머리에 갓을 썼다. 갓은 일종의 예복이었다. 갓을 벗으면 상투가 보일 테니, 조선의 예법으로는 예를 갖추는 자리에서 맨머리를 드러내면 안 되었다. 재형은 어린 시절 송 진사 집에 살던 때를 떠올리며 쓴웃음을 지었다.
　러시아 정교회는 사원에 들어갈 때, 남자는 무조건 모자를 벗어야 하고, 여자는 머리를 가려야 했다. 조선에서 온 사람들은 갓을 썼으니 결국 사원 안에 들어올 수 없었다.

대관식이 끝나자 황제는 밖으로 나와 행진을 했다. 재형은 첫날 행사를 마친 후 조선에서 온 사절단이 묵고 있는 숙소로 찾아갔다. 사절단은 민영환과 윤치호, 수행원을 합해 모두 여섯이었다. 민영환은 재형보다 한 살이 아래였고, 윤치호는 다섯 살 아래였다.

재형이 찾아가자 민영환 대감이 반갑게 맞아주었다.

"오, 반갑소. 아라사에 당신 같은 조선 사람이 있다니 자랑스럽소이다."

재형은 존대하는 민영환 대감이 거북스러웠다. 조선에서였다면 민영환 대감은 감히 쳐다보지도 못할 신분이었다. 재형은 정중하게 대감에게 말했다.

"말씀 낮추시지요."

"아, 아닙니다. 새 황제 폐하의 초청을 받으신 귀한 분인데, 제가 어찌……."

민영환 대감은 니콜라이 2세가 하사한 예복을 입은 재형을 아주 높이 대했다.

"언제 조선을 떠나셨습니까?"

"4월 초에 요코하마로 가서 태평양을 건넜소. 그 후 뉴욕에서 대서양을 건너 런던, 베를린을 거쳐 이곳에 도착했소. 경성을 떠난 지 50일 만에 도착했지요."

"먼 여정에 고초가 많으셨습니다."

"조선에선 전하께서 아라사 공관에 머무르시면서 아라사의 도움을 받고 계십니다. 전하께서는 아라사 황제 폐하의 대관식에 특별 사절단으로 우리를 보냈습니다. 우리가 조선에서 아라사에 온 첫 번째 사절단입니다. 전하께서 아라사 황제 폐하께 보내는 친서를 갖고 왔습니다."

민영환 대감은 재형에게 꼬박꼬박 존댓말을 썼다. 재형은 조선의 임금이 러시아 공관에 머문다는 말을 잘 이해할 수가 없었다.

"그런데 왜 전하께서 아라사 공관에 머물고 계십니까?"

"조선은 지금 아라사의 힘이 필요하기 때문이오. 전하께서는 아라사 황제에게 축하선물을 보내며, 친서를 통해 일본의 불법 행위를 바로 잡아 달라고 청원했소. 앞으로 일본이 조약의 규범을 위반하며 조선을 간섭하는 것을 중지시키라고 호소하셨소. 귀공도 조선의 앞날을 위해 적극적으로 전하를 보필해야 하오."

재형은 민영환 대감에게서 그간 조선에 있었던 일들을 아주 상세히 들을 수 있었다. 바로 한 해 전인 을미년에 조선의 왕비가 일본인의 손에 시해를 당했고, 고종임금이 러시아 공관에 피신해 있다는 사실도 들었다.

재형은 조선의 정황을 듣고 놀라움을 감출 수 없었다. 민영환 대감은 러시아에 사는 조선 사람 중에서 러시아말을 잘하는 사람들을 조선으로 불러들여서, 러시아와 조선이 친밀하게 지낼 수 있도록 적극적으로 도와야 한다고 강조했다.

재형은 조선이 일본의 손아귀에 휘둘린다는 사실을 처음 알게 되었다. 더구나 왕비가 일본인 손에 시해를 당했다니, 도대체 어떻게 그런 일이 있을 수 있을까. 일본이 조선을 맘대로 주무른다는 것일까. 재형은 그날 밤 조국에 대해 안타까운 마음이 들어서, 자신의 국적을 러시아로 바꾼 일도 미안하게 느꼈다.

다음 날, 새로 황제가 된 니콜라이 2세는 러시아의 관습에 따라 백성을 위한 대관식 축제를 열고, 백성들에게 빵과 과자, 사탕 등 음식과 술을 나누어주었다. 그 의식은 황제가 백성을 먹여 살리는 은혜로움을 상징하는 특별한 행사였다. 황제는 옥쇄가 찍힌 술잔에 술을 채워 군중들에게 나누어주게 했다.

그날 저녁, 구름떼처럼 많은 군중이 코딘카 초원으로 몰려들었다. 드넓은 초원이었지만 사람들이 너무 많이 몰려드는 바람에 서로 엉켜서 마치 개미떼 같았다. 사람들은 황제가 나눠주는 선물을 받기 위해 목을 빼며 앞사람을 밀기 시작했다. 뒤에 있는 사람들도 빵을 받지 못할까봐 서로 밀치며 앞으로 가려고 했다. 뒤에서 미는 힘을 버티지 못하고 앞에 선 사람들이 천막 사이에 있는 도랑에 빠지기 시작했다. 여기저기서 비명이 터져 나왔다. 사람이 넘어지고 그 위로 또 사람이 넘어져도 물밀 듯이 계속 사람들이 밀려들었다. 뒷사람들은 앞에서 무슨 일이 벌어지는 줄도 모르고 계속 앞사람을 밀었다. 오로지 빵을 받기 위해서였다. 밀려든 사람들은 넘어진 사람들 위에 또 넘어져 아수라장이 되었다. 밑에 깔린 사람들은 밀려드는 군중의 발길에 머리가 깨지고 갈비뼈가 부러지며 순식간에 주검들로 변했다. 코딘카 초원은 피로 물들었고, 피비린내가 진동했다. 죽은 사람이 1,000여 명을 넘는다고 했다. 이 참사는 조선인보다 잘사는 줄로만 알았던 러시아 백성의 굶주림이 얼마나 심각한지를 알게 해주었다.

재형은 설레는 마음으로 대관식에 참석했지만, 조선의 암울한 현실과 러시아 백성의 참담한 생활을 보고 마음이 착잡했다.

재형은 모든 행사를 마치고 선장 부부가 사는 상트페테르부르크로 갔다. 선장과 나타샤는 재형을 보자 친아들을 만난 것처럼 기뻐했다. 나타샤가 재형의 손을 잡고 말했다.

"오, 표트르! 네가 온다는 말을 듣고 얼마나 기다렸는지 모른단다. 표트르, 네가 정말 자랑스럽다. 황제의 대관식에 초청받다니. 역시 너는 큰 사람이 될 줄 알았어."

나타샤는 너무 감격해서 눈물을 글썽였다.

"이 모든 게 선장님과 나타샤 덕분입니다."

재형의 말에 나타샤가 고개를 저었다.

"아니야. 표트르, 네가 성실하기 때문이지. 도헌이 되었다니 정말 자랑스럽구나."

나타샤가 재형을 끌어안았다.

나타샤는 많이 늙어 보였다. 재형은 늙은 나타샤를 보자 기쁘면서도 가슴 한쪽이 시렸다. 재형은 나타샤의 집에서 하루를 보냈.

재형이 상트페테르부르크를 떠나는 날, 선장 부부는 재형에게 당

부하듯 말했다.

"표트르, 코딘카 초원의 끔찍한 참사는 지금 러시아에 살기 힘든 사람이 무척 많다는 증거야. 표트르는 앞으로 러시아의 동방을 잘 이끄는 일꾼이 되다오. 언젠가 표트르 대제를 닮고 싶다고 했지? 그 꿈을 꼭 이루기 바란다. 우리는 이제 늙어서 언제 다시 볼 수 있을지 모르겠구나."

재형은 선장 부부에게 다시 찾아오겠다고 인사를 하고 블라디보스토크로 돌아오는 시베리아 횡단열차에 올랐다.

재형은 블라디보스토크로 돌아오는 동안 끝없이 이어지는 자작나무 숲을 보면서 지나온 세월을 돌이켜보았다. 조선을 떠나 막막했던 어린 시절이 슬프고도 아름다운 추억이 되어 물결처럼 출렁거렸다.

재형은 어머니가 묻혀 있는 조선의 암울한 상황에 가슴이 아팠다. 러시아 국적으로 살고 있지만, 재형에게 조선은 자신의 영혼과 같았다. 조국은 보이지 않는 뿌리였다. 그 뿌리가 일본에 짓밟히고 있다고 생각하니 화가 났다. 러시아에서 재형의 지위가 높아도, 조선이 당당한 나라가 되어야 재형도 어디에 있든지 당당하게 인정받을 것이었다.

11
조선의 부름과 재혼

　니콜라이 2세의 대관식에 특사로 왔던 사절단이 조선으로 돌아오자마자, 재형을 조선으로 불러들이라는 명이 내려졌다고 했다. 재형이 조선으로 돌아가면 러시아와 조선을 돕는 높은 벼슬을 내린다고 했다.
　재형은 조선의 부름에 갈등했다. 조선으로 돌아가서 벼슬하는 것은 노비 신분으로는 하늘에서 별을 따는 것만큼이나 굉장한 일이었다. 그러나 이미 러시아에 삶의 뿌리를 내리기 시작했고, 도헌의 자리에서 벌여놓은 일들도 한둘이 아니었다. 아버지가 살아계셨으면 어떤 결정을 내릴까. 만약 재형이 조선으로 돌아간다면, 얀치혜에 사는 조선 사람 전체가 흔들릴 게 뻔했다. 교육사업도 중단해야 했다. 재형이 도헌 자리에 있으면서 조선 사람을 위해 할 일도 많았다. 또 국적을 바꾼 것도 마음에 걸렸다. 더구나 큰 딸 베라의 혼인을 앞두고 있었다. 아이들을 위해서도 조선의 부름을 받아들일 수가 없었다.

조선에서는 재형이 부름에 응하지 않자 몇 번이나 재형에게 연락했다. 재형은 러시아말을 잘하는 조선 사람을 골라 대신 보냈다.

베라의 남편감은 재형이 세운 학교에서 공부한 학생이었는데 아주 성실한 청년이었다. 재형은 아내의 빈자리를 절절하게 느끼면서 딸을 시집보냈다. 모든 살림을 맡아 하던 딸이 혼인하고 나니 집안이 텅 빈 것 같았다.

어느 날 일을 끝내고 늦게 집에 돌아왔을 때였다. 이웃에 사는 엘레나가 재형을 기다리고 있었다. 재형은 베라와 자매처럼 지내던 엘레나가 늘 살림도 챙겨주고 아이들도 돌봐줘서 언제나 고마워하던 참이었다. 문득 엘레나를 보니 황제 대관식에 가던 날, 엘레나의 눈빛이 떠올랐다.

"엘레나, 밤이 늦었는데 집에 가지 않고 어쩐 일이지? 무슨 일이 있나?"

엘레나는 재형의 물음에 망설이지도 않고 당돌하게 말했다.

"도헌님, 저는 오래전부터 도헌님을 사랑했어요. 저와 혼인해주세요."

재형은 깜짝 놀랐다. 엘레나는 재형보다 무려 스무 살이나 어렸다. 재형은 엘레나의 말을 듣고 무척 당혹스러웠다. 엘레나가 다시 말했다.

"당황하실 줄 알았어요. 하지만 베라도 혼인했고, 도헌님을 보살필

아내가 필요해요. 저를 아내로 받아주세요."

엘레나는 보통 결심이 아닌 것 같았다. 재형은 엘레나와 눈을 맞추고 말했다.

"엘레나, 엘레나는 지금 막 피어난 꽃이야. 나는 곧 마흔이 되는데 우리가 어떻게 부부가 될 수 있겠어? 엘레나가 나를 생각해주니 고맙긴 한데 우리는 안 돼."

재형의 말에 엘레나가 고개를 저으며 말했다.

"도헌님, 나이가 왜 걸림돌이 되어야 하나요? 저는 아주 오래전부터 도헌님을 가슴에 품었어요. 제 마음을 베라도 알고 제 부모님도 알아요. 베라도 제가 도헌님을 보살펴 드리길 원해요. 갑자기 든 생각이 아니에요. 저만큼 도헌님을 잘 아는 사람이 어디 있나요? 저는 이미 결심했어요."

재형은 당황스러웠지만 엘레나가 오랫동안 재형을 남편감으로 생각해 왔음을 알았다. 재형은 이튿날 엘레나의 부모님을 찾아갔다. 엘레나의 부모는 엘레나보다 더 재형을 사위로 맞고 싶어 했다.

재형은 조선 사람들의 축복 속에 혼례를 치르고 엘레나를 아내로 맞아들였다. 재형은 엘레나를 위해서라도 더 열심히 살아야 할 책임을 느꼈다. 엘레나 덕분에 교육사업에 열정을 더 쏟을 수 있었다. 조선인 마을에 학교가 하나씩 늘어날 때마다, 재형은 진정한 부자가 된 것처럼 기뻤다.

재형은 연해주에서 활발하게 활동하면서도 늘 조선의 정세가 궁금했다. 그 무렵 조선의 고종임금은 러시아 공관에서 경운궁으로 거처를 옮기고, 대한제국을 선포하고 황제가 되었다는 소식이 들렸다. 이제 재형의 조국은 조선이 아니라 대한제국이 된 것이다. 연해주에 사는 조선 사람들도 이를 계기로 자신들을 한인이라 부르기 시작했다.

어느 날 봉준이가 재형을 찾아왔다. 재형은 오랜만에 만난 봉준이가 반가워 일찍 퇴근하고 봉준이와 저녁을 함께했다.

봉준이는 재형을 만나자마자 한인이라는 게 자랑스럽다고 말했다.

"야, 난 너를 보면 저절로 어깨가 으쓱으쓱해. 너 정말 대단하다. 니콜라이 황제의 대관식에도 다녀왔다며? 네 소식을 들을 때마다 너와 같은 한인이라는 게 정말 자랑스러워."

봉준이는 만나자마자 재형을 하늘로 둥둥 띄웠다. 블라디보스토크에서 만났을 때와는 전혀 다른 느낌이었다. 재형은 너무 자신을 추켜세우는 봉준이가 오히려 불편했다.

"형은 배를 산다고 했는데 어떻게 되었어? 돈은 많이 벌었겠지?"

"물론이야. 내 배를 마련했어. 얼마 전에는 일본에 다녀왔다. 이익도 많이 냈어. 하지만 말이야, 난 네가 부럽다. 너 정말 대단해."

봉준이는 저녁 내내 재형을 대단하다고 칭찬만 하다가 돌아갔다. 재형은 고향의 형이라서 역시 정이 깊다고 생각했다. 봉준이가 돈을 많이 벌더니 마음이 넉넉해졌구나 싶었다.

봉준이는 그 뒤로도 배를 타고 장사를 나갔다가 러시아로 돌아오면 재형을 찾아왔다. 그때마다 재형을 앞에 두고 대단하다, 자랑스럽다며 지나치다 싶을 정도로 부러워하며 치켜세웠다.

하루는 아나톨리가 재형에게 꼭 해야 할 말이 있다며 찾아왔다. 재형은 학교 일 때문인 줄 알고 아나톨리를 반갑게 맞았다.

"표트르, 학교를 짓느라 모금하는 것에 대해 몹시 나쁜 소문이 돌고 있어. 아무래도 표트르가 알아야 할 것 같아."

재형은 아나톨리의 말에 어리둥절했다.

"무슨 말이지? 나쁜 소문이 뭐야?"

재형은 아나톨리의 말을 듣고 너무나 어이가 없었다.

봉준이 이야기였다. 봉준이는 한인들에게 재형을 모함하며, 비천한 노비 출신이 어쩌다 도헌 자리에 올라, 한인들의 돈을 걷어 자신의 배를 불린다고 소문을 냈다. 모금을 방해하려고 재형을 비방하고 다닌다고 했다.

많은 한인이 재형을 따르지만, 봉준이가 지나치게 험담을 늘어놓자 반신반의하는 한인들도 있다고 했다. 재형은 기가 막혔다. 봉준이는 자신의 앞에서 입에 침이 마르도록 칭찬하며 자랑스럽다고 말해놓고, 뒤에서는 야비한 행동으로 재형을 시기하며 질투했다. 재형은 자신을 걱정해주는 아나톨리에게 무척 창피했다. 아나톨리는 진심으로 재형을 걱정하면서 이제는 봉준이를 가까이하지 않는 게 좋겠다고 충고했다.

"이해할 수가 없어. 나와 만날 때마다 다른 사람들 앞에서 내가 자랑스럽다느니, 대단하다느니, 너무 떠들어서 오히려 당혹스러울 때가 많았는데. 그런 행동을 하면서 뒤에서 나를 헐뜯는 이유가 뭘까. 이럴 때 어떻게 해야 하는 거지? 모른 척하는 게 좋을까. 아니면 만나서 그러지 말라고 해야 할까."

아나톨리가 재형에게 말했다.

"그런 사람의 심리는 건드리면 더 역효과가 나. 열등감 때문이지. 다른 사람 앞에서는 표트르를 내세우며 자기도 동급이라는 걸 인정받고 싶은 거지. 그런 방법으로 자신을 끌어올리려는 거야. 그러고는 뒤에서는 깎아내리면서 자신의 열등감을 해소하는 거고. 그러니까 알고 대처하라고 말해주는 거야."

재형은 아나톨리 앞에서 도토리 키 재기하는 것 같은 봉준이의 시기와 질투심에 낯이 뜨거웠다. 아나톨리가 재형에게 웃으며 말했다.

"너무 잘나가면 반드시 적이 있게 마련이야. 사실 나도 표트르가 부러울 때가 있지. 그렇게 이해해. 사람은 누구나 나약한 존재거든. 인간이란 누구나 남보다 잘나고 싶고, 높아지고 싶은 욕망이 있어. 하지만 그 욕망에 도달하려고 성실하게 부단히 노력하는 사람이 있는가 하면, 상대를 끌어내려야 자기가 올라선다고 생각하는 사람이 있는 거야. 나도 아이들을 가르치면서 인성교육이 가장 힘들다는 걸 절실히 느껴. 어쨌든 표트르, 자네는 한인들의 영웅이야. 러시아에도 꼭 필요한 사람이지. 그러니 모함하는 사람도 생긴다고 이해하게."

재형은 아나톨리가 진정으로 훌륭한 선생이라는 생각이 드는 반면에, 봉준이가 안됐다는 생각이 들었다.

블라디보스토크의 모르스키 상사에서 봉준이를 처음 만났을 때, 재형이 학교에 다녔다는 말을 듣고 놀라워하던 봉준이 얼굴이 새삼스레 떠올랐다. 봉준이도 좋은 인연을 만났으면, 재형보다 더 잘 풀렸을지도 몰랐다. 사람마다 자신의 한계를 느낄 때, 그때 어떻게 처신해야 잘사는 것인지, 재형은 봉준이를 통해 반면교사로 삼기로 했다.

어찌 보면 봉준이는 재형이 늘 고마워해야 하는 존재였다. 아버지가 두만강을 건너려고 용기를 냈을 때도, 봉준이네가 두만강을 건너와 러시아에서 자리를 잡았다는 소식을 몰랐으면 엄두조차 못 냈을지도 모른다. 게다가 재형 자신도 봉준이가 취직해서 돈을 벌고 있다는 것을 형수에게 듣지 못했다면, 집을 뛰쳐나올 용기 따윈 내지 못했을 것이다.

재형은 넓은 마음으로 봉준이를 이해하기로 했다. 봉준이나 자신이나 조국을 등지고 남의 나라 땅에서 살면서, 실향의 아픔을 끌어안을 수밖에 없었다. 그러니 마음 한쪽엔 언제나 채울 수 없는 그리움이 고이게 마련이고, 그런 그리움이 엉뚱한 방향으로 흘렀는지도 몰랐다.

재형은 몇 년 전, 아버지가 눈을 감으며 남긴 마지막 말들이 떠올랐다.

"재형아. 난 네 어머니 곁에 묻히고 싶은데, 이제 고향 땅에 다시 가긴 틀렸구나. 네 어머니를 혼자 남기고 경원 땅을 떠나온 게 늘 가슴 아팠다. 네 어머니는 나와는 다른 신분의 사람이었다. 그런데도 노비 신분인 나를 지극하게 섬겼어. 재형아, 너는 나보다 네 어머니를 많이 닮았어. 살아가면서 어머니를 잊지 마라."

아버지는 노비 신분을 벗어나서 후회가 없는 줄 알았는데, 끝내 어머니를 그리워하고 아쉬워하면서 눈을 감았다. 재형은 아버지가 어머니를 잊지 말라고 한 뜻을, 조선의 피가 흐르는 한인으로 살라는 말로 받아들였다.

어머니의 산소에는 언제쯤 가볼 수 있을까. 대한제국과 러시아 간에 수호통상조약이 체결되었다는데, 이제 맘대로 조국에 드나들 수 있는 걸까. 강을 건너온 한인들의 월경죄도 벗겨졌을까. 재형은 언젠가 기회가 되면 어머니가 잠든 경원 땅에 꼭 가보고 싶었다.

아내 엘레나는 두 살 터울로 어느새 아이를 셋이나 낳았다. 재형은 딸의 이름을 류보비 페트로브나로 짓고, 아들은 큰아들의 이름처럼 역시 학이라는 이름자를 써서 성학이라 지었다. 러시아 이름은 파벨이었다. 그 뒤를 이어 소피아가 태어났다. 재형은 바쁜 중에도 아이들과 동심으로 돌아가 함께 놀 때 무척이나 행복했다.

한인들은 살림이 늘고 살기가 좋아지니, 재형이 잘 이끌어주어서 잘살게 되었다고 늘 고마워했다. 그러면서 재형을 최 페치카라고 불렀다. 페치카는 러시아말로 난로였다. 재형은 한인들이 불러주는 페치카란 애칭을 고맙게 받아들이며 한인들의 난로가 되는 삶을 살려고 노력했다.

재형은 군납회사를 설립했다. 극동에 주둔하는 러시아 육군과 해군에 필요한 식료품, 군복, 건재 등을 공급하는 회사가 꼭 필요할 거라는 생각에서였다.

중국에서 의화단 사건이 일어나자 러시아는 20여만 명이나 되는 군대를 만주로 보냈다. 군사들에게 필요한 식료품은 물론, 군인들이 머물 막사를 짓느라 재형이 설립한 회사의 원자재들도 비싼 값에 팔려나갔다. 한인들이 생산하는 고기와 우유를 비롯해 각종 채소와 식료품들도 의화단 사건으로 갑자기 날개가 돋친 듯 비싼 값에 팔려나갔다.

러시아는 자신들에게 영향을 미칠 수 있는 만주의 철도를 보호한다는 이유로 만주에 군사를 주둔시켰다. 그 때문에 군인들에게 필요한 식료품과 물자가 점점 더 많이 필요했고, 한인들은 그 틈을 이용해 많은 부를 쌓을 수 있었다.

재형은 언제나 한인의 안내자였다. 정신적 지주이자 누구에게나 편안한 이웃집 아저씨 같았다. 한인들은 재형의 집 문턱을 쉽게 드나들었다. 재형은 한인들에게 더 많은 일자리를 만들어 주려고, 러시아의 큰 회사들을 한인 마을에 유치하느라 눈코 뜰 새 없이 바빴다.

12
조선의 독립운동에 뛰어들다

그해 초가을 어느 날이었다. 기골이 장대한 남자가 재형을 찾아왔다.

"안녕하시오. 최재형 선생을 한인들이 페치카라 부른다는 소식을 듣고 찾아왔소. 나는 조선에서 온 간도관찰사 이범윤이오. 만나게 되어 반갑소이다."

간도관찰사 이범윤은 눈빛이 형형했다. 두 눈썹 사이에 검은 점이 있었는데, 그 점 때문에 눈빛이 더 날카로워 보였다. 재형보다 서너 살 아래로 보였는데 첫눈에도 용맹스러운 장군의 기개가 느껴졌다.

"어서 오십시오."

재형은 간도관찰사란 말이 여간 반갑지 않았다. 조선에서 간도에 관찰사를 보냈다면 간도는 조선의 땅이란 말이었다. 이범윤이 가슴에서 마패를 꺼내 보이며 말했다.

"이 마패는 대한제국의 황제 폐하가 내게 직접 내린 증표요. 마패를 가진 사람이 황제를 대신한다는 뜻이지."

이범윤은 재형을 위압적으로 대했다. 이범윤의 말대로 마패는 임금의 손이 직접 닿지 않는 곳에서, 임금을 대신할 수 있는 증표였다.

재형은 이범윤을 극진히 대접했다. 그날 밤 이범윤은 짙은 눈썹을 움찔거리며 열변을 토했다.

"지금 청나라는 간도에서 억지를 쓰고 있소. 생각해보시오. 우리 역사에서 두만강이 국경이었던 적이 있었소? 고구려, 발해, 조선에 이르기까지 간도는 우리 땅이 분명하오. 그래서 내가 간도에 사는 우리 백성의 토지를 조사하여《북여요람》을 만들었소. 이 책은 간도에 사는 우리 동포 1만 3,000여 명의 지적과 호적부를 작성한 최초의 책이오."

이범윤은 간도에 병영을 세우고 행정체계를 수립했다고 자랑스럽게 말했다. 간도 주민들에게 세금을 받아서 군대를 유지하고, 청나라에는 절대로 세금을 내지 못하게 했는데, 청나라 마적 떼가 수시로 나타나 간도 주민들을 괴롭힌다고 했다. 이범윤은 품에서 마패를 자주 꺼내 보이며 말했다.

"이 마패를 지닌 사람은 황제 폐하를 대신한다는 걸 명심하시오. 그러니 당신도 나를 무조건 도와야 하오."

재형은 이범윤이 일방적으로 명령하는 것을 들으며 자신이 노비 출신임을 이미 알고 있다는 생각이 들었다. 이범윤은 자신이 대한제국의 황제와 같은 성씨라는 것을 몇 번이나 강조했다. 재형은 이범윤과 자신의 신분 차이가 하늘과 땅만큼 크다는 것을 절감할 수밖에 없었다.

재형은 그토록 엄청난 신분의 이범윤이 재형에게 무조건 도우라는 일이 무엇일까 궁금했다.

"제가 도울 일이라니 무슨 말씀이십니까?"

"당신도 조선 백성임을 잊지 말고 내 뜻을 받들어야 하오."

"예, 제가 뭘 도와드려야 하는지 말씀해주시지요."

이범윤이 마치 부하에게 호령하듯 말했다.

"당장, 간도 땅을 지킬 최소한의 무기가 필요하오. 지금 간도에 사는 사람을 보면, 간도가 누구 땅인지 대번에 알 수 있소. 청나라 사람은 백에 네댓 명에 불과하고, 한인들이 땅을 일구고 있소. 그런데도 청나라에서 세금을 거두려고 무력을 행사하니 우리도 가만히 있을 수가 없소. 그래서 폐하께 군대를 보내달라고 요청했소. 그러나 조선에선 묵묵부답이오. 나는 무슨 일이 있어도 간도를 지켜내고 말 것이오. 당장 무기를 살 자금이 필요하오. 당신은 그럴만한 능력이 있다고 들었소. 그러니 무조건 나를 도와야 하오."

재형은 그날 밤 뜬 눈으로 밤을 새웠다. 이범윤의 말대로라면 연해주 일대도 발해 땅이었으니 당연히 조선 땅이라고 할 수 있었다. 재형은 15년이 넘게 얀치헤의 도헌으로 있으면서 한인들이 행복하게 살 수 있도록 나름대로 최선을 다했다. 무엇보다 학교를 세워 한인

자녀들이 교육받을 수 있게 한 것에 아주 큰 보람을 느꼈다. 재형은 군납회사에서 벌어들인 돈도 상당했지만, 늘 검소하게 절약하며 살았다. 그래서 아이들과 아내 엘레나에게 미안한 마음이었다.

재형이 한인을 돕기로 한 것은 자신이 조선 사람이어서 그러기도 했지만, 선장 부부를 만나 나타샤에게 뜨거운 은혜를 입었기 때문이었다. 재형은 늘 선장 부부에게 감사하면서, 자신도 누군가를 도우며 사는 것이 은혜를 갚는 일이라고 생각했다.

돈을 버는 대로 학교를 짓는 데 써서, 군납회사에서 번 돈이 그리 많이 남아 있지는 않았다. 그런데도 이범윤에게 무기 살 돈을 내놓아야 할지 말아야 할지 쉽게 결정을 내릴 수가 없었다.

재형은 이범윤의 청을 들어주기로 했다. 국적을 바꾼 일로 늘 조국에 미안한 감정이 있었는데, 이 기회에 이범윤의 청을 들어주면 오히려 홀가분할 것도 같았다. 재형은 이범윤에게 상당한 돈을 내놓았다. 이범윤은 재형에게 고마워하면서 간도로 돌아갔다.

그 후 이범윤은 재형이 준 돈으로 간도에서 장정들을 모집해 사포대라는 군대를 만들었고, 간도 주민을 보호한다는 소식이 들렸다. 청나라 관리들은 이범윤을 대할 때마다 호랑이를 만난 것처럼 무서워한다는 소문도 들려왔다. 재형은 열심히 번 돈이 간도를 지키는 힘이 된 것에 위안을 느꼈다.

1904년 초봄, 일본이 러시아를 침공했다. 러일전쟁이 시작된 것이었다. 러일전쟁이 일어난 지 얼마 후였다. 이범윤이 눈길을 달려 부하들과 함께 급히 재형을 찾아왔다.

"어쩐 일이십니까. 이 추위에."

"나는 중대한 결정을 내렸소. 조선으로 돌아오라는 명령을 받았지만, 돌아가지 않을 작정이오. 지금 러시아와 일본이 싸우고 있소. 이 기회에 우리도 러시아와 함께 일본 놈들과 싸우려고 하오. 국적도 당장 러시아로 바꿔야겠소. 그래야 러시아 군인이 될 수 있으니."

이범윤의 말 한 마디 한 마디가 일본군에게 칼날이 되어 번뜩이는 듯했다.

"갑오농민전쟁을 평정하려고 청나라와 일본을 불러들인 게 잘못이었소. 조국 강토가 남의 나라 말발굽에 짓밟히는데, 보고만 있을 수 없소. 이참에 우리도 조선반도에서 일본을 확실히 몰아내야 하오. 나는 일본의 패전을 확신하오. 일본이 러시아를 이길 수는 없을 테니까."

이범윤은 누가 보더라도 이번 전쟁은 러시아가 이길 거라고 확신했다. 재형도 같은 생각이었다. 재형은 갑자기 찾아든 이범윤과 이범윤의 부대인 사포대를 먹이고 입히며 돌봐야 했다. 재형은 한인들의 도움을 받아 대식구를 먹이고 입혔다. 그로부터 얼마 후 러시아의 막강한 발트 함대가 발트 해를 출발해서 일본으로 향했다는 소식이 들렸다.

재형은 도헌의 자리에서 물러나 본격적으로 군납사업에 박차를 가했다. 이범윤의 사포대에게 무기를 대고, 의병들에게 군복과 식량을 대려면 그만큼 많은 돈을 벌어야 했다. 재형은 연해주 일대에 사는 한인들을 설득해서 이범윤과 함께 의병을 모집했다. 사포대를 중심으로 항일의식이 투철한 의병들이 모여들었다. 그즈음 조국에서 일본에 강제로 해산당한 군인들도 몰려왔다. 모두 항일정신으로 단단히 무장되어 있었다.

재형은 러시아 군대에 식료품을 공급하고, 무기상회에서는 무기를 싼값에 대량으로 사들일 수 있었다. 재형은 연해주에 사는 한인 중에서 러시아말을 할 수 있는 사람을 모집해서 러일전쟁을 하는 동안 러시아 군대에서 한인들과 러시아 군인들 사이에 통역을 돕게 했다.

재형은 이범윤 부대와 함께 러일전쟁에 참여해 일본군과 싸우는 동안, 조국의 많은 애국지사를 만날 수 있었다. 재형보다 젊은 엄인섭과 김병길도 이범윤 부대의 일원이 되었다.

재형은 함경도 무산, 회령, 종성, 온성을 거쳐 고향인 경원 땅으로 진격하는 이범윤 부대에 무기를 공급했다. 경원 땅에 다다랐을 때는 어머니의 묘소를 찾아보고 싶은 마음이 굴뚝같았지만, 전쟁 중이라 급히 군수품만 전하고 되돌아와야 했다.

그즈음 러시아의 상트페테르부르크에서는 노동자들의 시위가 일어나, 피의 일요일이라 불릴 만큼 많은 사람이 희생되었다는 소식이 들려왔다. 수많은 노동자가 흥분해 니콜라이 2세에게 물러날 것을 요구하며 날마다 시위를 계속하고 있다고 했다. 러시아 정세가 이처럼 혼란스러워서, 러시아는 일본과의 전쟁을 제대로 치를 수가 없었다.

러일전쟁은 다음 해인 1905년에 일본의 승리로 막을 내렸다. 누구도 예상하지 않았던 결과였다. 이범윤과 함께 일본을 몰아내려고 러일전쟁에 뛰어든 재형은 망연자실했다. 이범윤은 러시아가 패하자 오갈 데가 없어 재형의 집에 머물렀고, 그의 부하들도 재형이 보살펴야 했다. 재형은 연해주의 한인들에게 의복과 식량을 지원받아서 그들을 먹이고, 입히고, 재웠다.

이범윤은 러일전쟁이 끝났으니 의병을 일으켜 조선에서 일본을 몰아내야 한다며 연해주의 한인들에게 의병으로 일어설 것을 호소했다. 마패를 내보이며, 조선의 황제 자격으로 통문도 보냈다. 통문에는 모든 한인은 무기와 탄약을 구하는 일에 분연히 일어서야 하고, 조국을 구하는 데 공을 세운 자는 조선으로 돌아가서 큰 상을 받게 될 것이라고 강조했다.

연해주에 사는 많은 한인이 통문을 보고 의병이 되겠다고 나섰다. 특히 의병이 되어 일본군을 조선에서 몰아내면 조국으로 돌아가서 크게 벼슬을 내리겠다는 말에 한인들이 술렁거렸다. 연해주에 사는 한인들 대부분이 조국에서 가난하게 살았던 사람들이니, 조국에 돌아가면 벼슬을 내린다는 이범윤의 말은 실로 엄청난 파장을 일으켰다.

그런데 이범윤의 수석부하인 임 부관은 가끔 술에 취하면 재형에게 술주정을 했다.

"러시아 땅이라고 우리를 함부로 대하면 안 되지. 감히 양반을 몰라보고 우리를 바깥채에 팽개쳐? 노비는 안채에서 자고. 이게 말이 되느냐고!"

이범윤은 임 부관이 술주정을 늘어놓으면 나무라는 척하면서도 오히려 임 부관을 부추길 때도 있었다. 재형을 비롯한 연해주의 한인들에게는 양반 운운하면서 거드름을 피우는 이범윤의 부하들이 좋게 보일 리가 없었다. 재형은 중간에서 서로 감정이 격해지지 않게 다독여야 했다.

그 무렵 아내는 다섯째 딸 올가를 낳았다. 재형은 올가에게 송학이라는 조선 이름을 지어줬다. 재형은 의병들의 뒷바라지에 산후 조리도 제대로 못 하는 아내가 안타까웠다.

이범윤은 재형에게 의병을 하루빨리 조직해서 국내 진공작전을 펴자고 주장했지만, 의병 조직이 하루아침에 이루어질 수가 없었다. 재형은 무료해하는 이범윤에게 노보키예프스크에 있는 학교에서 한인 학생들을 가르치게 했다. 이범윤이 학교가 멀어 다니기 불편해하자 재형은 가족과 함께 노보키예프스크로 이사했다. 이범윤의 부하들을 위해서도 넓은 집이 필요했다.

13
박영효를 만나다

 그 무렵 일본에서 지내는 박영효가 재형에게 두 번이나 초청장을 보냈다. 재형은 본격적으로 독립운동을 하기 위해서는 일본을 제대로 파악해야 한다는 생각에, 일본에 가서 박영효를 만나보기로 했다.
 재형은 항해하면서 들렀던 작은 섬나라 일본이 청일전쟁과 러일전쟁에서 승리하는 걸 보면서, 일본이 어떻게 유럽의 최강 함대인 발트 함대를 손쉽게 무찌를 수 있었는지 강한 의문이 들었다.
 이범윤은 재형의 도쿄행을 못마땅하게 생각했다.
 "박영효 그자는 일본을 끌어들여 갑신정변을 일으켰던 장본인이오. 따지고 보면 박영효는 선왕의 부마였으니 대단한 권력을 잡을 수도 있었지. 그러나 부마가 된 지 석 달도 안 돼 영혜옹주께서 세상을 떠나는 바람에 그만……."
 "나리, 제가 박영효를 만나러 가는 것은 일본을 더 자세히 들여다

보기 위해섭니다. 호랑이를 잡으려면 호랑이 굴로 들어가라는 말이 있지 않습니까. 게다가 박영효는 개화에 일찍 눈을 뜬 사람이니 세계 정세를 누구보다 잘 파악하고 있을 것입니다."

이범윤의 말대로 박영효는 갑신년에 김옥균과 정변을 일으킨 사람이었다. 정변이 삼일천하로 끝나자 일본으로 망명해서 지내고 있었다. 박영효는 태극기를 처음 만든 사람이기도 했다. 재형은 박영효가 일본의 야심과, 조선과 러시아의 상황을 어떻게 판단하고 예상하는지 알고 싶었다. 또 허심탄회하게 의견을 나누고 싶었다.

재형은 블라디보스토크에서 여객선을 타고 일본에 있는 박영효를 찾아갔다. 박영효는 재형을 반갑게 맞아주었다.

"어서 오십시오. 기다리고 있었습니다. 선생님과 저는 둘 다 이국에서 조국을 염려하는 같은 처지여서 꼭 한번 모시고 싶었습니다. 러시아의 한인들에게 페치카라고 불리는 선생님을 존경합니다."

"말씀을 놓으시지요. 저도 꼭 선생님을 만나보고 싶었습니다."

안경을 쓴 박영효는 팔자수염이 인상적이었다. 박영효는 재형보다 나이가 한 살 적지만 조선의 신분으로는 같은 자리에 앉아 마주 볼 수 없는 사람이었다. 그런데도 박영효는 일찍 개화사상을 받아들인 게 표가 날 정도로 재형을 편하게 대했다.

박영효가 먼저 시국 이야기를 꺼냈다.

"일본은 러시아의 팽창을 가장 두려워합니다. 그래서 러시아 쪽으로 기운 명성황후를 시해했지요. 세상에 그런 악독한 놈들이 어디 있습니까. 한 나라의 국모를 시해하다니 절대로 용서할 수 없는 놈들입니다."

재형은 니콜라이 2세의 대관식에 갔다가 민영환 대감에게 들었던 이야기가 생각났다.

"저도 그 일을 전해 듣고 울분이 끓어올랐습니다."

"갑신년에 벌인 일이 제대로 성공했다면 조선의 운명은 달라졌을 겁니다. 우리는 평화적으로 개혁을 시도하면서 조선을 긴 잠에서 깨우려고 했어요. 명성황후도 그렇게 비참하게 가시진 않았을 겁니다. 결국 세계정세에 제대로 대처하지 못한 것이지요. 그때 일이 3일 만에 끝난 걸 생각하면 지금도 가슴이 답답합니다."

박영효가 얼굴이 벌게지며 흥분했다.

"명성황후가 가신 후 고종황제께서 러시아 공관으로 피해 계셨죠."

"그게 무슨 꼴입니까. 분하고 창피한 일이지요. 일본 놈들이 무서워서 남의 나라 공관으로 도망쳐 숨어 지냈다니……. 그래서 일본이 러시아에 전쟁을 일으켰겠죠. 하지만 저는 일본이 이기리라고는 상상도 못 했어요."

박영효가 고개를 저으며 말끝을 흐렸다.

"일본은 조선을 발판으로 삼아 동아시아로 뻗어 나가려고 했어요. 지금도 일본의 야욕은 끝난 게 아닙니다. 그때 조선은 일본의 속내를 읽고 러시아 쪽으로 기울지 않았습니까. 일본은 더 다급할 수밖에 없었겠죠. 시베리아 철도가 완공되던 1895년에 일본은 러시아 편으로 기운 조선의 국모를 시해했지만, 고종황제가 러시아 공관으로 피신했으니, 발등에 불이 떨어진 것 같았을 겁니다. 아마 그 일이 러일 전쟁을 일으킨 주요한 원인 중 하나일 것입니다."

재형은 박영효의 명쾌한 분석에 저절로 고개가 끄덕여졌다.

"그런데 어떻게 일본이 전쟁을 치를 만큼 경제력이 있었는지 궁금했습니다."

박영효가 재형의 물음에 기다렸다는 듯이 대답했다.

"일본은 청일전쟁에서 이기면서 청나라로부터 전쟁배상금을 받았어요. 그 돈으로 군비를 확장한 거죠. 그런데 전리품으로 받은 랴오동 반도는 러시아, 독일, 프랑스의 간섭으로 돌려주지 않았습니까."

재형도 러시아의 상황을 얘기했다.

"러시아는 시베리아 철도와 만주를 잇는 동청철도 부설권을 청나라에서 얻어냈죠. 일본이 랴오동 반도를 내놓자마자, 러시아는 동청철도를 보호한다는 명목으로 뤼순에 해군을 주둔시킨 걸로 압니다."

"그러니 일본은 러시아의 동아시아 진출을 무슨 수를 써서라도 막아야 했을 겁니다. 그래야 동아시아에서 군림할 수 있을 테니까요."

재형은 박영효의 이야기에 공감할 수 있었다.

"일본이 조선의 제물포에 정박한 러시아 선박을 공격하고, 뒤이어 뤼순에 있는 러시아 함대도 공격해서 전쟁을 일으켰을 때, 나는 일본이 무모하다고 생각했어요."

박영효가 고개를 끄덕이며 말했다.

"나도 그렇게 생각했어요."

"사실 막강하다던 러시아의 발트 함대가 어떻게 그렇게 쉽게 무너졌는지 궁금합니다. 모두 발트 함대가 나서면 일본이 금세 무릎 꿇을 거라고 여겼습니다. 러시아에서는 발트 함대가 출정하던 날, 대대적인 축제를 벌였죠. 이미 전쟁에서 승리한 것처럼 말예요."

박영효가 재형의 말에 천천히 고개를 저으며 말했다.

"일본이 승리한 것에는 여러 이유가 있어요. 발트 함대가 힘을 쓰지 못한 것도 큰 원인이죠."

"그러게 말입니다. 세계 최강이라고 자랑했던 발트 함대가 어이없이 일본에 격퇴당했다니 믿기 어려웠어요."

재형의 말에 박영효가 고개를 끄덕이며 말했다.

"발트 함대가 어이없이 무너진 건 영국 때문이기도 했습니다."

재형은 무슨 말인지 몰라 고개를 갸웃거렸다. 박영효가 국제정세를 자세히 풀어서 이야기했다.

"영국을 긴장시킨 사건은 시베리아 횡단철도의 완성이에요. 러시아를 새롭게 보기 시작했죠. 러시아의 서쪽 끝 상트페테르부르크에서 동쪽 끝 블라디보스토크로 가려면, 뱃길로 지구를 반 바퀴나 돌아야 하지 않습니까. 그런데 시베리아 횡단철도를 이용하면 열흘도 안 걸려서 서쪽에서 동쪽으로 오갈 수 있지요. 이 철도는 러시아의 대동맥 역할을 하게 되었고, 러시아가 동북아시아에서 새로운 세력으로 성장하자 이를 두려워한 것입니다."

"그렇군요. 결국 자기 나라로 만족하지 못하고 이웃 나라를 탐내는 것은 다 똑같은 모양입니다. 그 때문에 전쟁을 일으켜 수많은 사람을 고통 속에 몰아넣으니 군국주의라는 게 얼마나 무서운지 모르겠습니다."

재형은 일본의 욕심 때문에 조국이 몸살을 앓고 있다는 게 가슴 아팠다.

"그래요. 개인이나 국가나 지나친 욕심 때문에 수많은 사람이 고통을 당합니다. 영국은 세계 곳곳에 많은 식민지를 확보하고도, 동북아시아로 뻗어 가는 러시아를 견제할 동맹국이 필요하다고 생각했어요. 그래서 일본을 주목했고, 일본도 러시아를 견제하려고 동맹국을 물색하던 차에 영국과 동맹을 맺은 것입니다."

재형도 영국과 일본이 동맹을 맺은 것은 알고 있었다. 하지만 발트 함대의 패배가 영국 때문이라는 것은 이해되지 않았다. 재형이 알기로 발트 함대는 수에즈 운하를 지날 수 없어서 남아프리카의 희망봉을 돌았다.

"영국은 어떻게 발트 함대가 수에즈 운하를 통과하는 걸 막았습니까?"

"발트 함대는 당연히 수에즈 운하를 통과하려고 했죠."

발트 함대는 표트르 대제가 만든 함대로 세계 최고의 함대였다. 발트 함대는 대서양에서 수에즈 운하를 통해 인도양으로 빠져나와, 빠르게 대한해협에 도착해서 일본의 무릎을 꿇리려고 했다.

박영효가 계속 이야기했다.

"그런데, 전혀 예기치 않은 사건이 일어났어요."

"무슨 사건 말인가요?"

"발트 함대가 영국의 코앞에서 고기잡이배를 직의 군함으로 잘못 알고 공격했어요. 고기잡이배는 영국 어선이었는데, 침몰하고 말았죠. 가뜩이나 사이가 좋지 않던 영국과 러시아는 사이가 더 나빠졌어요. 일본은 약삭빠르게 이 기회를 이용해서 발트 함대가 수에즈 운하를 통과하지 못하도록 영국에게 협조를 구한 거죠."

재형은 어선 사건을 처음 들었다. 수에즈 운하 통행권을 쥐고 있던 영국은 러시아에 적당히 핑계를 대면서 새로운 동맹국인 일본의 요구를 들어주었다. 결국 발트 함대의 러시아 해군은 일본과 전투를 하기도 전에 지쳐버리고 말았다. 재형은 박영효가 국제정세를 상세히 꿰고 있음을 알 수 있었다.

"영국은 발트 함대가 수에즈 운하를 통과하려면, 시설을 더 늘리고 공사를 새로 해야 한다며 둘러댔어요. 실제로 발트 함대는 한두 척의 배가 아니었죠. 전투함과 보급함, 병원선 등이 38척이나 되었죠."

"그래서 전투 한 번 제대로 해보지 못하고 쉽게 무너진 거군요."

"그렇습니다. 배도 건조된 지 오래되어 낡은 데다 식량과 연료도 바닥나서 항해는 예상보다 훨씬 길고 위험했죠. 상트페테르부르크를 떠나 6개월이 지나도록 선원들은 배에서 한 번도 내릴 수 없었어요. 설상가상으로 동남아시아의 여러 나라가 영국의 식민였고, 프랑스의 식민지였던 나라들도 영국의 눈치를 보면서 쉽게 상륙 허가를 내주지 않았던 겁니다. 그러니 연료나 식료품, 물 등을 제대로 공급받을 수 없었죠. 연료인 석탄만 베트남 해안의 바다 위에서 겨우 공급받았어요. 승리의 여신은 여러 가지 이유로 러시아에서 떠나 있었다고 봐야 합니다."

재형은 그제야 모든 정황을 명백하게 알게 되었다. 자신이 러시아에서 한인 교육사업에 열을 올리는 동안, 박영효는 국제정세에 대한 해박한 안목을 쌓고 있었음을 알 수 있었다.

"러시아 백성도 나라의 자랑인 발트 함대가 일본에 처절하게 무너졌다는 것을 믿을 수 없어 합니다."

"그럴 수밖에 없었다고 봅니다. 발트 함대는 러시아를 떠난 지 여섯 달 만인 1905년 5월 26일에야 대한해협에 도착했죠. 병사들은 지칠 대로 지쳐 러시아를 떠날 때의 위용은 어디에서도 찾아볼 수 없었다고 합니다."

"러시아에서는 함대가 일본에 함락되었다는 소식이 전해지자 백성들이 시위를 했습니다. 가뜩이나 불안정한 러시아 정국에 찬물을 끼얹은 사태였죠."

박영효가 고개를 끄덕이며 다시 말했다.

"일본 해군은 철저하게 작전을 준비했어요. 군함 80여 척을 이끌고 길목을 지키고 있었죠. 발트 함대는 겨우 4일 만에 일본 해군에게 완전히 함락된 겁니다."

재형은 박영효와 동북아 정세에 관해 많은 의견을 주고받았다. 박영효는 일본은 이미 아시아의 호랑이로 변했다고 했다. 재형은 박영효의 두 손을 굳게 잡고 말했다.

"조국의 운명이 그야말로 풍전등화 같군요. 저도 돌아가서 조국의 앞날을 위해 더욱 힘껏 뛰어야겠습니다. 러시아도 일본에 패하고 나서 사정이 좋지 않습니다. 이럴 때일수록 한인들의 애국심을 더 강하게 하는 일이 필요하겠습니다."

"그래야지요. 우리 서로 힘을 씁시다."

재형은 박영효와 이야기를 나눈 후부터 가슴이 점점 뜨거워졌다. 앞으로 일본이 조선을 어떻게든 요리할 거라는 생각이 들었다. 재형은 서둘러 얀치헤로 돌아왔다.

14
을사늑약

재형이 일본에서 돌아온 지 보름쯤 지났을 때였다. 박영효가 재형에게 아주 긴 편지를 비밀리에 보내왔다. 을사늑약에 관한 내용이 상세하게 적혀 있었다.

최재형 선생님 전상서

최재형 동지! 그동안 기체후 일향만강 하옵십니까?
우리가 우려하던 일이 현실이 되었습니다. 제가 알아본 바 을사늑약에 관해 자세히 전해드리려고 서찰을 올립니다.
1905년 11월 9일 일본의 이토 히로부미는 일본 왕의 친서를 들고 대한제국으로 가서, 고종황제를 만나 새로운 조약을 체결하자고 요구했답니다.
일본의 외무대신인 고무라, 주한일본공사인 하야시, 총리대신인

가쓰라 등이 모의하고, 추밀원장 이토 히로부미를 고종 위문 특파대사 자격으로 대한제국에 파견하여 한일협약안을 대한제국 정부에 제출하게 하였다는군요.

이토 히로부미는 11월 10일에 고종을 찾아가 "짐이 동양 평화를 유지하기 위하여 대사를 특파하오니, 대사의 지휘를 따라 조처하소서."라는 내용의 일본 왕 친서를 전달하며 고종을 위협했답니다.

15일에도 고종에게 한일협약안을 들이밀었는데, 매우 중대한 사안이라서 조정은 심각하게 반대했습니다. 17일에는 일본 공사가 대한제국의 각부 대신을 일본 공사관에 불러 한일협약을 승인하라고 했지만, 오후 3시가 되도록 결론을 얻지 못하자 궁중에 들어가 어전회의를 열었답니다.

이날 궁궐 주위 및 시내 곳곳에서 무장한 일본 군인들이 쉴 새 없이 시위하며 행진하고, 궁궐 안까지도 무장한 일본 헌병과 경찰이 거리낌 없이 드나들며 살기를 내뿜었답니다. 그러나 이런 공포 분위기에도 불구하고 어전회의에서는 일본이 제안한 조약을 거부한다는 결론을 내렸답니다.

이토 히로부미는 주한일군사령관 하세가와 함께 다시 고종을 찾아가, 정부 대신들과 다시 논의하여 해결하라고 재촉하였다고 합니다.

고종황제가 참석하지 않은 가운데 다시 열린 어전회의에서도 의견이 일치하지 않자, 일본공사가 이토 히로부미를 불렀답니다.

하세가와와 함께 헌병의 호위를 받으며 들어온 이토 히로부미는 대신 한 사람 한 사람에게 조약 체결에 관해 찬성과 반대를 물었습니다.

이날 회의에 참석한 대신은 참정대신 한규설, 탁지부대신 민영기, 법부대신 이하영, 학부대신 이완용, 군부대신 이근택, 내부대신 이지용, 외부대신 박제순, 농상공부대신 권중현입니다.

이 가운데 한규설과 민영기는 조약 체결에 적극적으로 반대했고, 이하영과 권중현은 소극적으로 반대하다가 나중에 권중현은 찬성했답니다. 다른 대신들은 이토의 강압에 못 이겨 약간 수정할 것을 조건으로 찬성 의사를 밝혔답니다. 격분한 한규설이 고종에게 달려가 부당함을 알리다가 그만 쓰러졌다고 합니다.

이날 밤 이토 히로부미는 조약 체결에 찬성하는 대신들과 다시 회의를 열고, 자필로 약간 수정한 후, 위협적인 분위기 속에서 조약을 승인받았다고 합니다. 박제순·이지용·이근택·이완용·권중현 5명이 조약체결에 찬성했습니다.

이로써 일본은 대한제국이 다른 나라와 맺은 조약을 대신 완수하고, 대한제국 정부는 일본 정부의 중재 없이 국제적인 조약을 맺을 수 없게 되었습니다. 이는 명백한 대한제국의 외교권 박탈입니다. 일본은 대한제국이 부강해질 때까지, 그리고 대한제국 황실의 안녕과 존엄을 유지할 것을 보증한다는 단서를 달았으나, 외교권을 빼앗긴 대한제국은 일본의 속국이나 마찬가지입니다.

정식 조약이 아닌 강제로 맺은 늑약에 제목도, 비준도, 고종황제의 서명도 없으니, 이를 어찌 정상적인 조약이라 할 수 있겠습니까. 일본은 허겁지겁 대한제국의 손발을 꽁꽁 묶어버린 겁니다. 고종황제는 일본이 무기로 위협하여 체결한 것이므로, 완전히 무효라고 미국에 급전을 쳤지만, 미국은 반응이 없었답니다.

장지연 선생은 〈황성신문〉에 사설 '시일야방성대곡'을 실어 을사늑약의 부당함을 알렸습니다.

최재형 동지.

일본에서 항일운동을 하기란 쉽지 않습니다. 그러니 동지께서 모든 사실을 상세히 파악하시고, 러시아의 동포들과 함께 조국을 되찾는 길을 모색하시리라 믿고, 치욕스런 을사늑약의 상세한 정황을 살피어 보내드립니다.

부디 옥체 안강하시고 조국의 방패가 되어주실 것을 믿으며 이만 필을 놓습니다.

도쿄에서 박영효 배상

재형은 박영효의 편지를 읽고 분통이 터져 온몸이 덜덜 떨렸다. 이범윤도 얼굴이 하얗게 변해 두 눈썹 사이의 검은 점이 올라갔다 내려갔다 했다.

"어찌 이런 일이! 조선은 이제 일본의 꼭두각시나 다름없게 되었소. 당장 의병부대를 만들어 국내 진공작전을 폅시다. 조선 땅에서 일본 놈들을 몽땅 몰아내야 하오."

이범윤의 검은 점이 위아래로 계속 실룩거렸다. 재형도 이범윤처럼 할 수만 있다면 당장 의병부대를 이끌고, 조선 땅으로 들어가 일본을 일거에 몰아내고 싶었다. 하지만 마음만으로 되는 일은 아니었다. 의병을 모집하고 훈련하고 무장해야 가능한 일이었다.

러일전쟁이 끝난 후라서 이범윤 부대의 의병들도 사기가 떨어져 있었다. 재형은 잠시 생각하다가 조심스럽게 입을 열었다.

"우선 의병들을 재정비해야 합니다. 급하게 서두르다가 아까운 무기를 낭비하면 큰일입니다. 마음이야 저도 굴뚝같지만, 의병을 움직이려면 준비해야 할 일이 너무 많습니다."

재형의 말에 이범윤이 답답한 듯 주먹을 움켜쥐었다.

"그러니 어서 빨리 군사를 모으게. 군비와 무기도 조달해야 하니, 자네가 나서서 빨리 서둘러야 한단 말이야."

이범윤은 재형보다 세 살 아래인데도 양반 신분이라는 걸 강조하며 항상 명령하듯 말했다. 재형은 러일전쟁 동안 러시아 편에 서서 물자를 조달하고, 러시아군에 지원을 아끼지 않았기 때문에, 러시아 군인들과 친분이 두터웠다. 그 때문에 러시아 군인들을 통해 군복과 무기를 싸게 사들일 수 있었다. 전쟁에서 패하자 러시아 군인들 중에는 봉급도 끊기고 오갈 데가 없는 사람들이 많았다. 재형은 그들을 끌어들여 의병의 수를 늘렸다. 그들도 일본에 반감이 있었기 때문에, 흔쾌히 이범윤의 의병부대에서 항일투쟁을 하겠다고 모여들었다. 그러나 의병부대는 정식 군대가 아니었다. 일본 정규부대에 상대되지 못했다. 그것을 똑바로 인식하고 대비해야 했다. 더구나 의병의 무기하나하나를 모금으로 구해야 했으니, 더 신중할 수밖에 없었다. 재형은 이범윤이 일방적으로 재촉하자 상세하게 설명했다.

"나리, 우리 의병부대가 단독으로 일본의 정규부대와 정면 대결하는 것은 승산이 없습니다. 일단 국내 의병들이 항일운동을 시작하면, 우리도 그와 맞물려서 국내 진공작전을 하는 것이 효과적입니다."

재형이 말을 끝내기도 전에 이범윤의 부하인 임 부관이 재형에게 호통을 쳤다.

"우리 관찰사 나리는 황제 폐하나 다름없소. 나리가 시키면 무조건 따르는 게 백성된 자의 도리요. 당신이 여기서 아무리 떵떵거려도 조선에서는 한낱 노비일 뿐인데, 관찰사 나리에게 무엄하게 이래라저래라 하다니 자중하시오."

임 부관은 재형이 무조건 이범윤의 의견에 동의하지 않는다고 사사건건 불평을 해댔다. 이번에도 임 부관이 거친 숨을 내쉬며 툴툴거리니, 재형을 오른팔처럼 돕는 김 씨가 팔을 걷어붙이며 임 부관에게 소리쳤다.

"여기가 조선의 안방인 줄 아시오? 여긴 러시아 땅이란 말이오. 우리 도헌님은 니콜라이 황제의 대관식에도 다녀온 분이오. 도헌님을 함부로 대하면 우리도 가만히 있지 않겠소."

재형은 이범윤의 부하들과 한인들 사이에 갈등의 골이 깊어지는 것이 안타까웠다. 이범윤의 부하들은 이범윤이 양반이라고 연해주에 사는 한인들을 얕잡아 보았다. 한인들은 함경도 지방의 기근 때 살기 위해서 연해주로 이주한 농민들이 많았다. 한인들은 연해주가 러시아 땅이니 러시아에서 영향력이 있는 재형을 더 의지하며 따랐다.

  조선에서는 을사늑약을 반대하는 상소가 빗발친다고 했다. 니콜라이 2세 대관식에서 재형과 만났던 민영환도 자결했다는 소식이 들렸다. 재형이 이범윤과 함께 의병을 모으고 국내 진공작전을 준비하고 있는데 뜻밖에 이상설이 재형을 찾아왔다.

15
밀지를 받은 사람들

이상설은 그즈음 러시아에 망명 절차를 끝내고, 북간도의 용정에서 항일정신과 구국정신을 바탕으로 서전서숙을 세워 민족교육을 하고 있었다. 재형은 이상설이 얼마나 반가운지 몰랐다.

"반갑습니다. 우리 동포 자제들에게 무료로 교육하신다는 소식을 들었습니다. 그런데 갑자기 무슨 일로 오셨습니까?"

이상설이 재형에게 조용히 말했다.

"이준 검사가 여기로 온다고 했습니다. 이 검사와 저는 특명을 받아 상트페테르부르크로 가야 해요. 이 사실은 절대로 알려져서는 안 되는 비밀입니다. 최 선생님만 알고 계셔야 합니다. 이 검사는 떠나기 전에 이곳에 사는 동포들을 둘러본다고 했습니다. 최 선생님이 많이 도와주십시오."

재형은 이준이란 사람이 궁금해서 물었다.

"이준 검사는 어떤 사람입니까?"

"연배는 최 선생님과 비슷합니다. 어려서 부모님을 여의고 할아버지와 작은아버지 손에 자랐고, 열두 살 때 북청향시에 급제한 신동입니다. 지금은 백성에게 법의 신이라는 칭송을 받는 검사입니다."

"두 분은 무슨 일을 하시려는 겁니까?"

"그건 말씀드릴 수 없습니다. 특사의 임무를 맡았으니까요."

이상설과 이준은 쉽게 말할 수 없는 중대한 임무를 맡은 것이 확실해 보였다.

"서전서숙은 잘되고 있습니까?"

이상설은 재형의 물음에 한참 동안 생각하다가 대답했다.

"서전서숙도 당분간 다른 사람에게 맡겼어요."

재형은 이상설과 함께 이준이 오기를 기다렸다. 이상설이 재형의 집에 열흘쯤 머물렀을 때, 이준이 부산에서 배를 타고 와 블라디보스토크에 내린다는 전갈이 날아왔다.

재형은 블라디보스토크에 가서 이준을 모시고 집으로 왔다. 이준은 재형보다 한 살이 많았다. 이준의 얼굴에서는 온화하면서도 결연한 의지가 풍겼다.

바로 다음 날부터 이준은 연해주에 사는 한인들에게 특별 강연을 했다. 이준은 동포들에게 조국을 도와야 한다고 호소했다. 민족의 앞날은 교육이 이끌어간다고 힘주어 말하며, 무식과 배우지 않는 것은 세상에서 가장 위험한 것이라고 했다. 또 남자와 여자를 차별하는 것도 없애야 하며, 인간은 누구나 존귀한 존재로 살아가야 한다고 강조했다. 이준은 재형이 학교를 세워서 교육에 힘쓴다는 사실을 알고, 재형이 무척 자랑스럽다고 말했다.

"우리 대한제국의 앞날은 여기 최 선생님 같은 분이 계셔서 창창할 것이오. 저도 여러 학교를 세웠지만, 이곳에 와서 최 선생님을 만나 뵈니, 천군만마를 얻은 것만큼 힘이 납니다."

이준은 재형의 집에 머무르는 동안, 밤낮을 가리지 않고 한인들에게 인간이 누려야 하는 기본 권리와 극일 사상을 강조했다.

이준은 떠나기 전날 밤, 재형에게 고종황제의 특사로 헤이그에서 열리는 만국평화회의에 간다는 사실을 은밀하게 말해주었다. 고종황제는 1907년 6월 헤이그에서 열리는 제2차 만국평화회의에 최후의 희망을 걸었다. 만국평화회의는 러시아 황제 니콜라이 2세의 주창으로 열리는 회의였다. 식민지 쟁탈전에 따른 분규를 해결하는 국제법 회의로 40여 나라가 참석하기로 되어 있었다.

이범진 공사는 을사늑약 후 일본의 압력으로 러시아 공사의 자리에서 밀려났지만, 귀국을 미룬 채 아들 이위종과 함께 상트페테르부르크에 머물며 조선의 독립을 위해 애쓰고 있었다. 이위종은 외국어에 능통해서 몇 나라 말을 할 정도로 수재라고 했다. 재형은 이준 검사의 말을 듣고 가슴이 벅차올랐다.

"이범진 공사와는 저도 여러 번 서찰을 주고받았습니다. 러시아에서 저를 지원하도록 힘썼고, 저에게 이범윤 나리를 적극적으로 도우라고 했습니다."

"최 선생님은 조선에 큰 힘이 되고 있습니다. 고맙습니다."

이상설과 이준은 그날 밤 재형과 뜨겁게 포옹하며 마음을 모았다.

그즈음 블라디보스토크에는 일본인들이 눈에 띄게 늘어났다. 러일전쟁에선 일본이 승리했지만, 러시아는 일본에 전쟁 배상금을 지급할 힘이 없었다. 대신 일본은 사할린 남쪽을 차지하고, 조선에 대한 보호권을 인정받았다. 또한 블라디보스토크에 있는 자국인과 한인들을 보호한다는 명목으로 군인들을 파견해서 드러내놓고 한인들을 감시하기 시작했다. 재형이 운영하는 군납회사에도 일본인들이 자주 들락거렸지만, 재형의 신분이 러시아 국적이었기 때문에 직접 간섭하지는 못했다.

이상설과 이준은 5월 21일에 상트페테르부르크로 떠났다. 한인들은 이준과 이상설이 떠나는 날, 마을 입구까지 나와 배웅했다. 재형도 시베리아 횡단열차를 타는 두 사람을 배웅하기 위해 블라디보스토크까지 같이 갔다.

재형은 기차를 타기 전에 두 사람을 뜨겁게 얼싸안았다.

"꼭 성공하길 빌겠습니다."

재형은 뜨거운 피가 온몸에 솟구치는 것 같았다.

"블라디보스토크에 제 군납회사가 많으니 급한 일이 생기면 언제든 신속하게 연락하십시오. 부디 몸조심하십시오."

재형은 이상설과 이준이 무사히 시베리아 횡단열차를 타는 것을 본 후에 집으로 돌아왔다.

 그로부터 한 달쯤 지났을 때였다. 헤이그에서 날아온 비통한 소식에 재형은 물론 연해주에 사는 한인들 모두 큰 충격에 휩싸였다. 이준이 뜻을 이루지 못하고 이역만리에서 목숨을 끊었다고 했다. 이준의 연설을 듣고 감격했던 한인들은, 이준의 안타까운 소식에 너도나도 의병이 되겠다고 재형을 찾아왔다.

 일본은 대한제국의 헤이그 특사 파견을 빌미로 더 강하게 압박했다. 상트페테르부르크에 머무르던 이범진은, 러시아에 사는 동포들이 러시아의 힘을 빌려 조선에서 일본을 몰아내야 한다며 이범윤에게 비밀리에 서찰을 보냈다. 이범진은 이범윤에게 하루빨리 의병을 모아, 연해주에서 두만강을 건너 일거에 함경도를 통과하고, 경성에 들어가 일본을 완전히 몰아내자고 했다. 이범진은 자신이 독립군의 총사령관이 되겠다며, 이범윤을 부사령관으로 해서 하루빨리 서둘러야 한다고 강조했다.

 재형은 이범윤에게 의병조직을 위해 군량자금 1만 루블을 내놓았다. 이범윤은 재형의 재정 지원에 힘입어 본격적으로 의병조직에 나섰다. 연해주에 있던 망명객들도 의병이 되겠다고 지원했다. 그 무렵 두만강을 넘어 이범윤에게 찾아와 의병이 되겠다는 동포들도 점점 늘어났다.

 재형은 이범윤과 함께 러일전쟁 때 이범윤의 상관이었던 아니시모프 장군을 찾아갔다. 재형이 러시아어로 아니시모프 장군에게 말했다.

"우리는 대한제국의 원수인 일본을 상대로 의병을 조직해서 국내 진공작전을 하려고 합니다. 장군님께서도 적극적으로 지원해주시리라 믿습니다. 러시아도 일본이 적국이니 꼭 허락해주십시오. 러일전쟁 후에 한인 병사들에게서 회수한 소총을 돌려주십시오. 우리 대한제국의 의병들이 러시아의 원수를 갚아드릴 것입니다."

재형의 자신에 찬 요청을 들은 아니시모프 장군은 한참 동안 침묵하다가 어렵게 입을 열었다.

"그 청은 들어줄 수 없소. 러시아는 일본과 강화조약을 맺었소. 그러니 일본과 전쟁을 하라고 무기를 내줄 수가 없소."

러시아는 결국 일본을 자극하지 않기로 한 것이었다. 이범윤은 상관이었던 아니시모프 장군이 자신의 청을 쉽게 들어줄 것으로 믿었다가 한마디로 거절당하자 몹시 난감해했다.

이범윤은 이범진에게 이 소식을 전했다. 이범진은 그 소식을 듣고 연해주 지역의 의병단체를 돕기 위해 1만 루블과 함께 아들 이위종과, 이위종의 장인인 러시아 귀족 노리겐 남작을 재형의 집으로 보냈다. 이위종은 재형보다 스물일곱 살이나 아래여서 재형의 아들 또래였지만, 이범윤의 조카인데다 참사관이란 벼슬까지 한 사람이라 재형은 이위종에게 쉽게 말을 놓을 수가 없었다.

"잘 왔소. 이준 검사의 안타까운 소식을 듣고, 이곳 한인들도 조국을 위해 분연히 일어섰소."

"제 부친께서도 의병을 도우라고 저를 보냈습니다."

이위종에게서는 젊음의 패기가 느껴졌다. 이위종은 재형의 집에 머물며 이범윤과 함께 조선에서 일본을 어떻게 몰아낼 것인지에 관해 뜨거운 토론을 거듭했지만, 여러 모로 어려움이 많았다.

며칠 후 낯선 남자가 재형을 찾아왔다.

"여기에 이범윤 관찰사께서 머물고 계십니까?"

낯선 남자는 다짜고짜 이범윤부터 찾았다. 재형은 이범윤을 왜 찾는지부터 알아야 했다.

"당신은 누구요?"

낯선 남자가 정중하게 허리를 굽혔다.

"아, 저는 대한제국에서 온 의병 안중근이라고 합니다."

재형은 의병이라는 말에 반가움부터 앞섰다.

"어서 들어오시오. 나리는 안에 계십니다."

안중근은 이범윤을 만나자마자 큰절을 했다. 재형은 안중근이 아주 예의 바르다고 생각했다. 안중근은 이범윤을 찾아 간도에 갔던 이야기를 털어놓았다.

"저는 의병입니다. 조선에서는 이제 의병활동을 하기가 어렵습니다. 그래서 두만강을 건너 나리가 간도관찰사로 계신다는 곳으로 찾아갔습니다. 그런데 이미 일본군이 간도파출소를 설치하고, 나리는 오래전에 떠나셨다는 걸 알았습니다. 나리가 블라디보스토크로 가셨다는 정보를 듣고 화룡 현에서 석 달 동안 일본군을 피해 숨어 다니다가 이곳까지 오게 되었습니다."

이범윤이 안중근에게 이위종과 재형을 소개했다.

"잘 왔네. 자, 서로 인사하게. 여긴 러시아 참사관 이위종이고, 이 분은 최재형 도헌으로 러시아 한인들의 대부나 마찬가지네."

안중근이 차례로 이위종과 재형에게 인사했다. 재형은 안중근에게 물었다.

"조국의 사정은 지금 어떻소?"

"일본은 헤이그 사건 이후로 조선 조정을 맘대로 쥐락펴락하고 있습니다. 군대도 해산했습니다."

안중근의 말에 이위종이 가슴을 치며 말했다.

"내가 이준 검사를 모시고 헤이그에 갔소. 일본 놈들이 나한테도 추방령에 종신형을 내렸다더군요."

이위종의 말에 안중근이 깜짝 놀랐다.

"아, 그럼 헤이그에 다녀오신 특사가 바로 이 참사관이란 말입니까?"

그날 밤 재형과 안중근은 이위종에게 헤이그에서 있었던 일을 상세하게 들을 수 있었다.

이상설과 이준은 상트페테르부르크에 도착하여 이범진을 만났다. 이범진은 러시아 차르에게 고종황제의 친서를 전달했다. 친서에는 을사늑약이 대한제국이 원하여 정식으로 맺은 조약이 아니라 일본의 강제 협박으로 맺은 조약이므로 무효이며, 일본의 야욕을 세계만방에 알리고, 대한제국의 독립을 위해 세계 여러 나라에서 지원하길 요청하는 내용이 쓰여 있었다.

세 특사는 구체적인 일들을 의논하고 상트페테르부르크에서 출발해서 독일의 베를린에 도착했다. 그곳에서 일본의 대한제국 침략을 폭로, 규탄하고 을사늑약이 무효라는 것을 선언하는 공고사를 영어와 불어로 번역했다. 특사들은 6월 19일에 베를린에서 출발해서 6월 25일에 네덜란드 헤이그에 도착했다.

만국평화회의는 6월 15일부터 한 달간, 46개 나라에서 온 대표 247명이 참석하는 큰 대회였다. 세 특사는 평화회의 의장과 각국의 대표, 그리고 신문사마다 공고사를 보내 일본이 대한제국을 침략하기 위해 꾸미는 일들을 널리 알렸다.

이위종은 각국 신문 기자단이 참석한 국제협회에서 '대한제국을 위한 호소'라는 강연을 하였다. 신문기자들과 언론들은 특사들의 연설과 활동에 많은 관심을 보였다. 그러나 특사들은 만국평화회의가 열리는 회의장에 들어갈 수가 없었다. 러시아 대표이며 평화회의 의장인 넬리도프 백작은 네덜란드 정부의 소개가 없다는 이유로 회의장에 들어가지 못하게 했고, 다음 날 부회장인 뽀포로를 만나고자 했지만, 일본 대표의 방해로 만날 수조차 없었다. 네덜란드의 외무대신인 후온데스에게도 서한을 보냈지만, 평화회의에서 발언하는 것은 어렵다는 통지가 날아왔다.

이준 검사는 포기하지 않고 온 힘을 다해 대한제국의 상황과 일본이 저지르는 부당한 행동들을 웅변으로 호소하였다. 이준의 웅변은 큰 효과가 있었다. 국제협의회가 후원하는 〈평화회의보〉에서 특사들이 번역한 공고사 전체를 실었다. 또 국제협의회의 귀빈으로 세 특사를 초대해, 이위종은 그 자리에서 불어로 연설했다. 이위종의 열정적인 호소는, 여러 나라 언론인들은 물론 평화회의 대표들과 수행원들에게까지 감명을 주었다. 여러 나라 신문에서 매일같이 대한제국의 사정을 알렸지만, 일본과 영국 대표의 노골적인 방해공작으로 특사들은 결국 회의장에 들어갈 수 없었다.

이 일을 이끌어 나갔던 이준 검사는 만국평화회의장에서 세계 모든 나라에 을사늑약이 무효임을 알리고 대한제국의 국권을 회복하려던 계획이 물거품이 되자, 7월 14일에 이역만리에서 목숨을 내던지며 일본에 항의했다.

이상설과 이위종은 이준 검사를 헤이그에 있는 시립공동묘지에 안장했다. 그 후 조선으로 돌아가지 않고 영국, 미국을 거쳐 다시 블라디보스토크로 돌아왔다.

안중근은 이위종에게 헤이그에서 이준 검사가 목숨을 버린 상황을 상세하게 들은 후 주먹으로 가슴을 치며 분통을 터뜨렸다.

"일본이 더 큰 야욕을 부리기 전에 우리가 힘을 모아 하루빨리 국내 진공작전을 펴야 합니다."

안중근은 펄펄 뛰는 호랑이처럼 의지가 강해 보였다.

재형은 더 급히 서둘러 실질적인 일들을 처리해 나갔다.

"구체적으로 단체를 만들어서 어떻게 활동할 것인지 의논합시다."

재형의 말에 이범윤이 고개를 저으며 반대했다.

"의논하다가 아까운 시간 다 가버립니다. 의병은 내 부하들만으로도 충분하오. 내가 조직한 사포대는 아주 용맹한 사람들이오. 그들에게 우선 무기부터 준비해주시오. 빨리 작전을 개시합시다."

재형은 이범윤의 성급한 생각이 안타까웠다.

"사포대만 가지고는 어림도 없습니다. 우선 단체를 만들어 우리 뜻을 한인 동포들에게 전하고, 뜻을 같이하는 사람들에게서 모금해야 합니다. 그래서 충분히 무기를 사고 의병들을 모두 재정비해야 합니다. 제가 앞장서겠습니다."

재형의 말에 임 부관이 눈살을 찌푸리며 끼어들었다.

"당신이 도헌이긴 하지만, 당신과 나리의 신분은 하늘과 땅 차이란 말이오. 당신이 뭘 안다고 자꾸 나리 의견에 토를 다는 거요?"

임 부관이 재형에게 삿대질하며 대들었지만, 재형은 못 들은 척했다. 안중근이 벌떡 일어나서 큰 소리로 말했다.

"이대로는 안 됩니다. 조선에 있는 일본 군대를 몰아내려면 의병도 늘리고 무기도 완벽하게 갖추어야 합니다. 저도 최선을 다하겠습니다."

재형은 안중근의 대담하고 우직한 태도가 마음에 들었다.

16
동의회와 의병부대

　재형은 며칠 후 이범윤과 함께 얀치헤 지역에서 의병을 이끄는 의병장들과 수청 사람들을 자신의 집으로 오게 했다. 수청은 파르티잔스크 지역으로 물이 맑은 동네라서 그렇게 불렀다. 재형은 구체적인 의병단체를 만들고, 이 모임의 이름은 뜻을 같이한다는 '동의회'로 지었다. 우선 총장, 부총장, 회장과 부회장을 선출하기로 했다. 젊은 이위종이 임시의장을 맡아 회의를 진행했다.

　동의회 총장에 재형이 선출되었고, 부총장에 이위종이 선출되었다. 이위종은 아버지인 이범진 공사의 영향력 때문인지 이범윤을 1표 차로 누르고 부총장이 되었다. 그러나 이범윤은 이를 받아들일 수 없다며 벌떡 일어났다.

　"내가 간도에 건너와 황제 폐하를 대신해 국사에 몸을 바친 지 수년이 되었소. 그런데 나이 어린 조카인 이위종보다 못하다니, 이게 말이 되나? 나는 받아들일 수 없소."

이범윤의 말이 끝나자마자 이위종이 임시의장 자리에서 일어나 이범윤에게 달려갔다.

"숙부님, 부디 노여움을 거두세요. 제가 물러나겠습니다. 숙부님이 당연히 부총장 자리에 오르셔야지요."

이위종의 사양에 겨우 진정한 이범윤이 부총장을 맡았다. 계속해서 회장에는 이위종, 부회장에는 엄인섭, 서기에 백규삼이 뽑혔고, 다른 사람들은 모두 의원이 되었다.

안중근은 재형과 함께 한인 마을을 찾아다니며 일본으로부터 조국을 구해야 한다고 연설하면서 동의회의 의병 자금을 모았다. 안중근은 수청 지역에서 6,000루블을 모금했다. 재형은 동의회 총장으로서 1만 3,000루블의 큰돈을 내놓았다. 이위종이 가져온 1만 루블도 동의회 기금이 되었다.

이 무렵 봉준이도 해조신문사를 만들어 독립운동에 앞장섰다. 재형은 봉준이가 함께 하자 여간 기쁘지 않았다. 재형은 〈해조신문〉에 동의회 취지문을 직접 지어 보냈다.

동의회 취지문

얀치헤에서 뜻이 맞는 사람 여럿이 모여 동의회를 조직하였다. 무릇 한 줌 흙을 모으면 얼마든지 태산을 이루고, 한 홉 물을 합하면 쉽게 창해를 이루니, 적은 것이라도 쌓으면 큰 것이 될 것이오, 약한 것이라도 합하면 강한 것이 됨은 예부터 지금까지 천하가 아는 이치이다.

그래서 《주역》에서는 두 사람만 마음을 모아도 그 날카로움이 쇠를 끊는다고 했고, 《춘추전》에서는 여러 마음이 합하면 성을 쌓는다 했다. 서양의 한 정치인도 이렇게 말했다. '나는 천둥과 번개는 두렵지 않다. 대포도 겁나지 않는다. 하지만 한 가지 두렵고 겁나는 게 있으니, 그것은 뜻을 한데 모아 단체를 만드는 것이다.' 예로부터 내려오는 말에, 영웅호걸은 위태하고 험난한 때가 되면 충성과 의리와 열성으로 나라를 구하고 세상을 위험에서 건져낸다고 한다. 의리와 기개가 있는 이들과 나라와 민족을 위해 제 몸을 바치려는 애국지사들이 함께 뜻을 합하여 단체를 만들어 서로 구한다면, 어떤 일도 쉽게 이룰 수 있다. 옛날에 유비, 관우, 장비 세 사람은 의형제를 맺어 촉나라를 세웠다. 예나 지금이나 영웅호걸과 애국지사는 자신의 몸을 나라에 바치고, 마음을 합하여 온 세상에 의기를 떨친다.

슬프다, 우리 동포여! 오늘날 우리 조국이 어떤 상태가 되었으며, 우리 동포가 어떤 지경에 빠졌는지, 아는가 모르는가. 위로는 나라의 주권이 사라져버렸고, 아래로는 백성의 권리를 억압받고 있다. 안으로는 생활에 필요한 모든 산업을 잃었으며, 밖으로는 외교상의 모든 권리가 단절되어 버렸다. 우리 백성은 손발이 묶이고 눈과 귀가 막혀 꼼짝 못 하는 생물처럼 되어 버렸다. 이런 처지를 어떻게 자유로운 삶이라고 할 수 있겠는가.

사람으로 태어나 맡아 하는 일 중에 가장 중요한 것은 국가를 위해 하는 일이다. 국가는 부모형제와 조상이 수백 수천 년 동안 혈통을 이어오면서 살아온 땅이니, 대를 이어 살아온 겨레와 친척들을 헤아려 생각해보면 우리나라 몇천 만 사람들이 서로 친척이 아닌 사람이 없을 것이다. 이렇게 국가와 동포는 모두 다 연결되어 있어 무척 소중한 까닭에, 국가에 대한 책임 역시 사람이 그 나라에 태어나면서부터 이미 두 어깨에 진 것이다. 만약 나라를 위해 열심히 할 생각이 없이 물질과 유행만 쫓아다니며, 저만 알고 제멋대로 사는 사람이라면 어찌 짐승과 다르지 않다고 할 수 있겠는가.

한 나라 안에서도 고향을 떠나 오랜 세월 타향에서 지내다 보면 고향 생각이 간절하다. 하물며 조국을 떠나 수천 리 떨어진 외국에서 사는 우리 동포들은 조국이 불행하고 위험한 일을 당하니, 고향 땅은 잃어버린 것과 같으며, 모든 친척이 불타버린 것처럼 참담한 상황이다. 이 어찌 슬프지 않으리오.

눈비 오고 궂은 날에도, 달 밝고 서리 찬 밤에도 조국을 생각할 때마다 간절하여 꽃을 보아도 눈물이 나고, 새소리를 들어도 한숨짓게 된다. 충신열사가 어려운 때를 맞이하여 나라를 떠나야 하는 마음을 오늘에야 알 것 같다. 다시 어디로 돌아가겠는가. 그러므로 오늘 우리가 가장 먼저 해야 할 일은 애국정신을 기르고 지식을 밝히며 실력을 길러서 단체를 맺고 한마음으로 함께 나아가는 것이라 하겠다.

이제 우리는 함께 만든 단체의 이름을 동의회라 하고 새로이 나아가려 한다. 슬프다, 우리 동지와 동포는 아무쪼록 나라의 사정을 생각하여 이 조직에 한마음과 열성을 가져야 한다. 애국심을 머릿속에 깊이 넣고, 늘 배워서 뒤떨어지지 않게 하며, 나라의 주권을 회복하도록 마음을 다하고 있는 힘을 다할 것이다. 독일의 비스마르크는 평생 쇠와 피, 두 가지로 독일을 부흥시키고 부강을 일구었다.

우리도 한 사람 한 사람 총알도 피하지 않고 앞으로 나아가며, 깃발에 붉은 피로 독립이라 크게 쓰며, 한마음과 온힘을 모아 동맹하기로 한 것을 이렇게 증명한다. 슬프다, 동지 여러분이여.

동의회 총장 최재형
부총장 이범윤
회장 이위종
부회장 엄인섭 등

〈해조신문〉에 실린 동의회 취지문을 보고 연해주의 각 지역에서 총을 보내와 100여 정이 모였다.

동의회는 재형을 따르는 러시아 한인들 세력과 이범윤을 비롯해 대한제국을 떠나온 사람들이 함께 뜻을 모아 만든 조직이었다. 러시아 중앙정부와 교섭하는 일은 이위종과 이범진이 주로 맡았다. 재형은 동의회의 운영과 활동에 들어가는 돈을 대부분 책임졌다. 의병들의 무기와 옷, 심지어 생활비까지 많은 돈이 필요했기에 재형에게 상당히 큰 부담이 되었다.

재형은 아내와 아이들이 넉넉하게 지내도록 해줄 수가 없었다. 그래도 아내는 불평 없이 재형과 뜻을 같이했다. 그 무렵 아내는 재형에게 셋째 아들을 안겨주었다. 재형은 아이 이름을 발렌틴이라 지었다. 이제 아이들은 모두 여덟이나 되었다. 그야말로 대식구였지만, 집 안에 늘 의병들이 드나들어 아이들에게 제대로 신경 써주지 못하는 게 미안했다.

국내 진공작전을 위한 모금 활동은 국내와 북간도 지역에서도 활발하게 진행되었다. 재형은 의병들의 옷과 무기를 주로 러시아 군인들에게서 사들였는데, 얀치혜에 러시아군 기병대 제6연대가 주둔하고 있었기 때문이다. 이 부대에 생필품을 납품하고 있어서, 이곳을 통해 손쉽게 무기를 살 수 있었다. 사들인 무기를 운반하고 보관하는 것도 신중하지 않으면 안 되었다. 러시아 군인들은 재형을 도와 빠르고 안전하게 무기를 운반해주었다.

의병이 모이고 무기가 준비되자 이범윤이 조바심을 냈다.

"이만하면 일본과 맞설 만하오. 단번에 쳐들어가서 일본 놈들을 몰아냅시다."

재형은 이범윤의 말에 깜짝 놀랐다.

"단번에요?"

"그렇소. 단번에 조선으로 들어가 공격하면 일본의 피해가 클 것이오. 한성까지 단숨에 쳐내려 가서 일본을 몰아냅시다."

그러나 재형은 이 생각에 동의할 수가 없었다.

"아직 전면전을 할 상태가 못 됩니다. 제 생각엔 소규모 부대로 나누어 일본의 수비가 취약한 곳을 골라, 신속하게 공격하고 빠지는 기습작전이 효과적일 것 같습니다. 그 후에 국내 세력과 힘을 합해……."

재형이 말을 끝내기도 전에 임 부관이 벌떡 일어나더니 재형을 패대기칠 것처럼 거세게 몰아세웠다.

"자꾸 나리의 의견에 토를 달 거요? 관찰사 나리, 저는 도저히 참을 수가 없습니다. 일일이 의논하지 말고 나리가 직접 명령을 내리세요."

그때였다. 안중근이 조심스럽게 말했다.

"제 생각도 총장님 생각과 같습니다. 우리는 정식 군대가 아닌 의병입니다. 무기도 일본군과 비교하면 허술하기 짝이 없습니다. 저도 국내에서 의병활동을 했지만, 소규모로 나누어 기습작전을 하는 것이 효과적입니다. 총장님의 생각이 옳습니다."

안중근의 말에 임 부관이 주춤했다.

1908년 6월 초, 의병 300여 명이 모였다. 재형은 이범윤을 총대장에 앉히고, 안중근에게 참모중장을 맡겼다. 안중근이 재형에게 말했다.

"총장님이 참모중장을 맡으시는 게 좋지 않을까요?"

"아닐세. 나는 후방에서 무기와 자금을 대야 하고, 러시아 정부에도 긴밀히 협조를 구해야 하네. 그러니 젊고 패기가 넘치는 자네가 적격일세."

재형의 말에 안중근은 고개를 끄덕였다. 이제 본격적인 국내 진공작전이 기다리고 있었다.

이범윤은 대대적으로 공격하자고 계속 주장했다. 그러자 안중근이 묘안을 내놓았다.

"함경도 지방에 홍범도 부대가 있어요. 홍범도 장군은 일본군도 두려워합니다. 홍범노 장군과 함께 연합작전을 하는 것이 좋겠습니다."

재형은 안중근의 말에 귀가 번쩍 뜨였다.

"홍범도는 어떤 사람이오?"

"홍범도 장군은 백두산 호랑이라는 별명을 가진 유명한 포수입니다. 군대가 해체되자 백두산으로 숨어들어 의병활동을 하고 있어요. 헤이그 특사사건 이후 화약과 무기를 모두 압수당했지만, 홍범도 장군은 몇 안 되는 포수들을 모아 갑산과 북청에서 신출귀몰한 작전을 폈어요. 일본 군대도 홍범도 장군을 무서워한다고 들었습니다."

"좋습니다. 소규모 부대로 기습작전을 하면서, 기회를 틈타 홍범도 부대와 연합작전을 폅시다."

재형의 말에 모두 두 주먹을 굳게 쥐었다.

1908년 7월 7일, 드디어 100여 명으로 꾸린 소규모의 의병부대가 국내 진공작전을 개시했다. 재형과 이범윤이 총지휘를 맡고, 안중근과 엄인섭이 보조하면서 두만강을 건넜다. 첫 번째 전투는 함경북도 경원군에 주둔 중인 일본군 수비대를 급습하여 대승을 거뒀다.

첫 번째 전투에서 승리하자 의병들의 사기가 하늘을 찌를 것 같았다. 1908년 8월에 두 번째 전투를 치르기 위해 두만강을 건넜다.

재형은 두만강 부근까지 무기와 의복과 식량을 운반하며 의병들을 격려했다. 의병부대는 일본군이 압록강을 따라 목재를 옮기려고 세운 산속의 시설물들도 전부 파괴했다. 신아산 부근에서 벌인 홍의동 전투에서도 일본군을 아수라장으로 만들었다. 일본군은 여기저기서 갑자기 공격해오는 의병들을 피해 우왕좌왕했다. 의병들은 많은 탄약과 함께 수십 정의 라이플총을 일본군에게서 빼앗았다. 재형도 군수품을 운반하다가 일본군을 만나면 기습작전을 펴서 회령수비대에 여러 차례 공격을 퍼부었다.

드디어 호랑이부대로 이름을 떨친 홍범도의 부대와 이범윤 부대가 연합작전을 폈다. 홍범도 부대는 일본군을 좁은 분지로 몰아넣어 거의 몰살시켰고, 의병부대에선 의병 단 한 사람만 조금 다치는 큰 승리를 올렸다. 재형도 의병 몇몇과 함께 회령 근처 운성산에서 일본군을 격퇴하였다.

안중근은 함경도 경원과 신아산 부근에서 일본 군인과 일본 상인들을 생포하는 전과를 올렸다. 그런데 생포한 일본인들 때문에 의병들 사이에 의견이 나뉘었다. 의병들은 군인이든 아니든 포로를 살려주면 안 된다고 했고, 안중근은 인도적 차원에서 포로들을 살려서 돌려보내야 한다고 주장했다. 식량도 부족한 데다 포로들을 데리고는 전투할 수 없기에, 안중근은 자신의 뜻대로 일본인 포로들을 살려서 돌려보냈다. 그러나 살려 보낸 포로들 때문에 의병의 상황이 일본군에게 알려지면서 그 후 벌어진 전투에서 안중근의 의병부대가 패하게 되었다.

이 일로 의병들은 안중근을 원망하며 일본군을 피해 뿔뿔이 흩어졌는데, 안중근과 몇몇 의병도 산속에서 길을 잃고 말았다. 재형은 다른 의병부대는 돌아왔는데, 안중근 부대는 돌아오지 않자 두만강 건너 사람을 보내 안중근을 수소문했다. 안중근 일행은 일본군을 피해 숨어 다니다가 홍수를 만나 길을 잃은 채 노숙해야 했다. 식량이 떨어지자 거친 음식으로 간신히 버티다가 재형이 보낸 길잡이 노인을 만나 겨우 두만강을 건널 수 있었다. 출정할 때 입은 옷은 거의 다 헤져 맨살이 나오고, 여러 날 제대로 먹지도 못해 무척 야위었다.

그즈음 일본은 러시아 정부에 압력을 넣어 러시아 한인들의 의병 활동을 막게 했다. 러시아는 일본의 압력에 굴복해 이위종에게 추방 명령을 내렸다. 또 러시아 국적을 가진 재형 역시 활동하지 못하도록 요청했다. 재형이 러시아의 제재로 주춤거리는 사이, 회령의 영산 부근에서 전투를 벌인 의병들이 일본군에게 참패를 당하고 말았다.

재형은 안중근을 비롯한 의병들의 몸이 회복될 때까지 집에서 머무르며 쉬게 했다. 안중근은 일본 포로들을 살려 보낸 자신 때문에 의병부대가 패했다며 괴로워했다. 이범윤도 안중근을 원망했고, 임 부관은 재형이 안중근을 부추겨서 의병이 참패를 당했다고 재형을 원망했다.

재형은 안중근에게 말했다.

"너무 괴로워하지 말게. 자네의 인도주의 정신은 일본의 의식 있는 사람들도 존경할 거라고 보네. 당분간 블라디보스토크에 있는 대동공보사에 가서 신문 일을 거들면서 쉬었으면 좋겠네."

　재형의 말에 안중근은 피난처를 구한 듯 흔쾌히 그러겠노라고 했다. 재형은 안중근을 블라디보스토크에 있는 대동공보사로 보냈다.

　〈대동공보〉는 폐간된 〈해조신문〉의 인쇄기계를 재형이 사들여 만든 신문이었다. 〈해조신문〉은 봉준이 하던 신문사였는데, 세 달 만에 폐간되었다. 봉준은 신문사보다 무역에 힘을 쓰느라, 신문사를 계속 운영할 수가 없었다.

　재형은 〈대동공보〉 논단을 통해 항일민족의식도 강조하고, 재러 한인사회의 상황과 러시아 총독의 동정 등을 실어 한인들의 귀와 눈 역할을 했다. 1908년 11월 18일에 처음 한글로 신문을 발행했다. 그러나 모금으로 운영되는 탓에 재정이 어려워 몇 번이나 중단되기도 했다. 그러다가 1909년 1월 31일에 재형을 중심으로 특별주주를 결성해, 3월 3일부터 다시 발간하게 되었다. 안중근은 〈대동공보〉에 민족의식을 높이는 글들을 써서 실었다.

　이범윤 부대는 간도와 훈춘 등지로 숨어 다니느라 고생이 말이 아니었다. 의병들은 점점 줄었고, 자금이 부족해 새로운 의병을 꾸릴 처지도 못 되었다. 일본은 이범윤에게 1만 루블의 현상금을 걸고 뒤쫓았다. 이범윤은 블라디보스토크, 얀치헤 등에서 숨어 지내야 했다.

　재형은 활동하기 어려워진 이범윤과 따로 행동할 수밖에 없었다. 재형은 홍범도와 함께 의병을 모아 다시 일본을 압박할 계획을 세우고, 은밀하게 군자금을 모으고 무기를 사들이며 의병들을 훈련했다.

그러나 재형도 무장투쟁을 계속할 수가 없었다. 얀치혜에 있는 러시아 군인들이 재형의 의병사무소에서 모든 총기와 탄약을 압수해 버렸다. 또한 러시아에 귀화한 한인을 러시아 군인으로 강제 징집하는 한편, 귀화하지 않은 한인들을 추방하기 시작했다.

일본은 러시아 국적을 가진 한인이라도 일본을 상대로 의병활동을 하지 못하게 하라고 러시아에 계속 압력을 넣었다. 러시아 정부는 이를 거부하기 어려웠고, 러시아 국적을 가진 재형도 러시아 정부의 방침에 따를 수밖에 없었다.

이런 일들이 계속 되자 재형은 의병들을 돌보기가 어려웠다. 이범윤의 부하들 역시 더더욱 돌볼 수가 없었다.

며칠 후였다. 늦은 밤 재형이 대동공보사에서 집으로 돌아올 때였다. 집 앞에 다다랐을 때, 갑자기 총소리가 들렸다. 순간 재형은 다리에 통증을 느끼며 그대로 쓰러졌다. 이어서 세 발이 더 울렸다. 총소리를 듣고 재형의 부하들이 깜짝 놀라 달려왔다.

"누구냐!"

시커먼 형체가 재빨리 도망쳤다.

부하들 몇몇이 범인을 뒤쫓고, 다른 부하가 얼른 재형을 둘러업고 방으로 들어갔다. 재형의 왼쪽 다리를 총알 두 발이 뚫고 지나갔고, 한 발은 어깨를 살짝 스쳤는데, 다리의 상처가 깊었다. 한참 후에 부하들이 범인을 잡아 재형의 집으로 끌고 왔다. 범인은 뜻밖에도 임 부관이었다. 임 부관은 재형이 자신들을 보살펴주지 않는다고 앙심을 품은 것이었다. 재형은 이제 참을 수가 없었다.

이 일을 계기로 재형과 이범윤 부대 사이에는 더 깊은 골이 파였다. 이범윤의 부하들은 재형이 미천한 신분 주제에 막대한 재산을 긁어모아 양반을 우습게 본다고 비난했다. 그 배후에는 장사로 성공한 봉준이가 재형을 끌어내리는 데 한몫하고 있음도 알게 되었다.

봉준이는 기선을 소유하고 대규모로 무역을 하고 있었다. 그러나 의병들이 국내 진공작전을 펴면서 장사에서 손해를 보게 되자 의병들을 비난하기 시작했다. 봉준이는 의병을 모집하여 전투하려는 재형의 생각에 찬성하지 않았다. 무력보다는 평화를 앞세워야 자신의 무역도 안전하게 할 수 있다면서 말이다. 봉준이는 심지어 일본에 감사해야 한다는 말까지 하며 사람들 앞에서 재형의 행동을 비난했다. 재형은 임 부관 같은 양반들에게도 환멸을 느꼈고 의병투쟁을 반대하는 봉준이도 섭섭했다. 재형은 오로지 조국의 주권을 되찾는 데 조금이라도 힘을 보태야 한다는 생각에 의병모집에 더욱 힘을 쏟았다.

17
안중근의 단지동맹

총상을 입은 재형이 집에서 쉬고 있는데 안중근이 재형의 방으로 들어왔다.

"총장님, 좀 어떠십니까. 총장님께서 저 때문에 총상을 입으신 것 같아 마음이 편치 않습니다. 이범윤 나리 쪽에서는 총장님이 저와 짜고 의병 지원을 끊었다고 술렁거리고 있습니다. 총장님, 정말 죄송합니다."

"자네 때문이라니 무슨 그런 말을. 큰일을 하다 보면 꼭 반대하는 자가 있기 마련일세. 신분 차별로 이렇게까지 일이 커지는 것이 나도 마음이 아프네. 지금은 모두가 한마음이 되어야 할 때인데 자네가 있어서 큰 힘이 되네. 오히려 내가 고맙네."

안중근은 재형의 말에 얼굴을 숙이며 말했다.

"총장님, 저를 원망하는 의병들이 많습니다. 제가 뭔가를 보여줘야

할 것 같습니다. 총장님도 저도 목적은 하나입니다. 일본을 저대로 놔둘 수는 없지 않습니까?"

안중근의 목소리에 결기가 가득했다. 재형은 안중근의 손을 덥석 잡으며 말했다.

"자네가 있으니 안심이 되네. 우리가 다시 뭉쳐야지. 무장해제를 당했지만 그렇다고 주저앉을 수는 없지. 이렇듯 중요한 시점에 신분차별을 내세워 갈등이나 하고 있어서는 절대 안 되지."

"네, 맞습니다. 총장님. 저도 큰 결심을 하려고 합니다. 두고 보십시오. 그럼 이만 가겠습니다."

재형의 방을 나서는 안중근의 뒷모습에서 결연한 의지가 느껴졌다. 큰 결심이란 무엇일까. 안중근은 대동공보 기자증을 소지하고 대동공보사에서 재형의 빈자리를 지키면서 한인들에게 다시 의병을 모집해야 한다고 주장했다. 그러면서 중요한 일이 있을 때마다 재형이 지내는 안채를 찾아왔다.

며칠 후 안중근이 동지들을 데리고 와서 재형의 바깥채에서 머물렀다. 재형은 안중근이 너무나 믿음직스러웠다. 재형은 빨리 회복하는 것이 중요했다. 그래서 일체의 바깥 외출을 하지 않고 오로지 몸만 돌보며 며칠을 조용히 지냈다. 다행히 몸은 빠르게 회복되어 가고 있었다.

그로부터 얼마 후였다. 바깥채에 머물던 안중근이 김기룡과 강기순을 데리고 안채로 재형을 찾아왔다. 그런데 그들도 안중근과 똑같이 왼손에 붕대를 감고 있었다.

"거 참 이상하오. 세 사람이 다 손을 다친 게요?"

그제야 안중근이 입을 열었다.

"말씀드리겠습니다. 저희는 이대로 의병활동을 포기할 수가 없습니다. 언제든 기회가 오면 다시 일어나자는 뜻으로 동지 열두 명이 왼손의 약지를 잘라 그 피로 태극기에 독립이라고 쓰면서 함께 맹세했습니다."

재형은 안중근의 말에 깜짝 놀랐다.

"아니, 그렇다고 손가락을 잘랐단 말이오?"

"네. 저와 엄인섭 동지는 이토 히로부미를 업단하고, 김태훈 동지는 이완용을 암살하기로 맹세했습니다. 만약 성공하지 못하는 날엔 우리 모두 자결하여 조선 동포에게 속죄하기로 했습니다. 지금까지 의병으로 뚜렷하게 이룬 것이 없으니, 피로써 꼭 큰 뜻을 이루기로 맹세하지 않을 수 없었습니다."

안중근의 한 마디 한 마디는 마치 작두로 쇠를 자르는 것처럼 들렸다.

"의병장! 이룬 게 없다니 무슨 말이오? 목숨을 아끼지 않고 일본군과 싸운 걸 다 아는데."

"총장님, 저 때문에 의병의 활동이 드러나게 되었고, 그 일로 전투에서 지게 되어 늘 마음이 무겁습니다. 의병들이 뿔뿔이 흩어진 것도 모두 제 탓입니다. 그래서 우리 동지들은 왼손 약지를 자르고 기필코 의병을 모집해서 다시 일어서자고 맹세했습니다."

안중근이 태극기를 꺼냈다. 태극기에 피로 쓴 '大韓獨立(대한독립)' 네 글자가 재형의 가슴에 커다란 북소리가 되어 울렸다. 재형은 안중근의 말을 들으면서 뜨거운 불길이 가슴에 타오르는 것을 느꼈다. 재형은 그날 밤 젊은 피가 끓고 있는 안중근과 그의 동지들에게 만찬을 베풀었다.

그로부터 한 달여가 지난 어느 날이었다. 대동공보사에 이토 히로부미가 만주를 시찰하러 온다는 외신이 날아들었다. 재형이 안중근에게 물었다.

"이토 히로부미 그자가 왜 만주에 오는 거요?"

안중근은 흥분에 들떴다.

"뻔하지 않습니까? 조선을 발판으로 대륙까지 넘보려는 게 틀림없습니다."

안중근의 얼굴이 붉게 상기되었다.

"그렇지 않아도 의병을 일으킬 날만 꼽고 있는데, 기회가 이렇게 빨리 왔습니다. 총장님, 우리 〈대동공보〉에서 사실을 확인할 정보망을 만들고, 이토 히로부미의 만주 시찰을 빠르고 정확하게 보도하겠습니다."

"당연하오. 신속 정확은 신문사의 사명이 아니겠소."

"저는 하늘이 내린 이 기회를 이용해서 어떻게 거사를 성공하게 할지 연구해보겠습니다."

"거사라니?"

"차차 말씀드리겠습니다."

며칠 후 안중근이 재형에게 말했다.

"총장님, 오늘 밤에 직원 모두가 퇴근한 다음, 여기에서 긴한 회의를 하려고 합니다. 허락해주십시오."

재형은 안중근의 상기된 얼굴을 보며 뭔가 중대한 결심을 했음을 읽을 수 있었다. 그날 밤 대동공보사에 갔을 때 안중근이 먼저 입을 열었다.

"하늘이 준 기회입니다. 이토 히로부미를 없애야 합니다. 그자는 우리 대한제국의 원수이고 동양의 평화를 어지럽히는 자입니다."

"대체 어떻게 하려는 거요?"

"우선 극비리에 그자가 하얼빈에 언제 오는지, 몇 시 기차를 타고 와서 언제 내리는지를 철저하게 조사할 겁니다. 그에 맞춰 계획을 세우려 합니다."

재형은 안중근의 말에 깜짝 놀랐다.

"그럼, 이토 히로부미를?"

"네. 그렇습니다. 제가 나서겠습니다."

"저도 나서겠습니다."

안중근의 말에 우덕순도 큰 소리로 말했다. 재형은 가슴에서 쿵쿵 북소리가 울렸다.

"그럼 나는 필요한 경비를 대고 모든 정보망을 동원해서 일이 성사

될 수 있게 하겠소."

재형의 말에 안중근이 정중하게 고개를 숙였다.

"고맙습니다."

"의병장 목숨이 달린 일이오. 성공한다 해도 목숨을 보장받지 못할 수 있소."

"제 목숨보다 조국의 안위가 더 큽니다. 아무 염려 마십시오. 이미 각오한 일입니다."

재형은 안중근의 손을 꼭 부여잡았다.

겉으로 보기엔 대동공보사의 대표가 퇴역한 육군중좌이자 변호사인 콘스탄틴 페트로비치 미하일로프였지만, 실제로 재정과 경영을 책임진 사람은 재형이었다. 편집기자인 이강이 낮은 목소리로 말했다.

"제가 취재하는 척하며 안중근과 긴밀하게 연락하겠습니다."

이강은 문필이 뛰어난 사람으로 미국과 하와이의 한인들과 소통하고 있었고, 안중근과도 가장 친밀한 사이였다. 안중근은 우덕순과 조도선을 행동대원으로 정했다. 우덕순은 충청북도 제천 출신으로 대동공보사에 근무했고, 조도선은 함경북도 출신으로 러시아 여인과 결혼하여 국적이 러시아였다.

"이번에 이토 히로부미를 없애는 것도 중요하지만, 동시에 일제의 대한제국 침략을 세계에 폭로하고 규탄하는 기회로 삼아야 합니다. 대한제국의 독립을 확실하게 해야 합니다."

안중근은 이토 히로부미가 하얼빈으로 오는 날을 손꼽아 기다리며 바짝 긴장했다. 재형은 며칠 후 안중근을 집으로 불렀다. 밤이 이슥해지자 안중근에게 권총을 내밀었다.

"의병장, 행운을 비네."

재형이 내민 권총은 브라우닝식 8연발 단총이었다.

"아!"

안중근이 두 손으로 권총을 받으며 깊은숨을 들이쉬었다.

"그런데, 연습하지 않아도 되겠소? 내 집에서 묵으면서 연습하시오. 여기가 가장 안전해. 하얼빈까지는 동청철도를 이용하면 되고. 아마 꼬박 사흘 정도 걸릴 것이오."

"네. 알겠습니다. 그렇지 않아도 마땅히 연습할 장소가 없어서 찾던 중입니다."

"의병장은 그 일만 신경 쓰시오. 모든 정황은 대동공보사를 통해 안전하게 준비하겠소."

재형도 안중근의 거사에 몹시 긴장되었다. 거사를 성공해도 안중근의 목숨은 이리떼에게 몰려 위험해질 것이 뻔했다. 재형은 안중근이 중대 결심을 한 순간, 이미 목숨을 버리려 했음을 알아차렸다.

그때부터 재형에겐 안중근이 하늘이 내린 사람처럼 느껴졌다. 지난날, 일본인 포로를 살려 보내서 의병이 곤란을 당했을 때는 안중근을 잠시 원망하기도 했다. 그러나 안중근이 그 일로 무척 괴로워하고, 손가락까지 자르며 조국에 몸을 바치겠다고 맹세하는 것을 보며 재형은 깊은 존경심이 들었다. 이제 재형은 대한제국은 물론 동양의 평화를 지키겠다고 일어선 안중근의 목숨을 어떻게 구할 수 있을까를 골똘히 생각했다.

　재형은 안중근이 아무도 모르게 사격연습을 할 수 있게 골방을 내주었다. 안중근은 종이에 사람을 그려서 벽에 붙여놓고 날마다 조준연습을 했다. 벽에 붙인 그림은 사람 정면그림 한 장과 옆면그림 두 장이었다. 안중근은 그림을 향해 걸어가면서, 옆에서, 돌아서면서, 뒤에서 저격하는 연습을 했다. 눈을 감고도 쏘고, 뛰어가면서도 쏘았다.

　재형이 들어가면 안중근은 쑥스러워하며 말했다.

　"이렇게 가까운 거리에서는 눈감고 쏘아도 백발백중이어야 합니다. 하지만 현장에서는 거리도 멀고, 사람들의 눈도 피해야 하니, 연습을 더 철저히 해서 잠꼬대하면서도 명중시킬 수 있게 하려 합니다."

　재형은 안중근의 눈빛에서 한밤중 호랑이 눈의 섬광 같은 것을 읽을 수 있었다.

　"분명히 성공할 것이오. 의병장 눈빛이 이미 성공을 자신하고 있어. 만반의 준비를 하시오. 필요한 게 있으면 언제든지 말하고."

　재형은 안중근이 연습하는 데 방해가 될까 봐, 식구들에게도 안중근이 지내는 방엔 드나들지 말라고 단단히 일렀다. 그런데도 안중근은 가끔 재형의 아이들과 장난하며 어울렸다. 그럴 때의 안중근 모습은 천진난만한 개구쟁이 소년 같았다.

18

코레아 우라!

 1909년 10월 21일, 안중근은 우덕순과 함께 블라디보스토크를 출발했다. 재형은 안중근의 기차표를 일부러 3등석으로 마련했다. 조금이라도 의심을 받거나 눈에 띄지 않게 하기 위해서였다.
 "의병장, 성공을 빌겠소. 나는 멀리서 지켜보며 거사 후의 상황을 준비하겠소."
 재형은 안중근과 뜨겁게 포옹했다.
 편집기자 이강은 〈대동공보〉 하얼빈 지국장에게 안중근과 우덕순을 소개하는 편지를 써서 안중근에게 주었다.
 블라디보스토크에서 하얼빈까지 가는 길은 동청철도뿐이었다. 재형은 도로공사를 감독하던 때를 떠올렸다. 바로 그 동청철도도 거의 한인들의 손으로 건설했다. 그런데 이토 히로부미가 동청철도를 타고 오다니, 철도를 건설하며 피땀을 흘린 동포의 모습이 떠올라 가

숨이 뜨거웠다. 블라디보스토크에서 하얼빈까지는 동청철도로 서른여섯 시간이나 걸렸다.

안중근은 하얼빈으로 가는 도중 친지를 방문해 통역을 부탁했다. 친지는 아들에게 하얼빈에서 한약재를 구해 오라고 핑계를 대면서 안중근과 함께 가라고 했다. 안중근은 하얼빈에 도착한 후에야 친지의 아들에게 자신의 계획을 얘기하고 도와달라고 부탁했다. 그런 다음, 우덕순과 함께 대동공보 하얼빈 지국장을 찾아가서 이강이 써준 편지를 전했다.

안중근은 거사를 완벽하게 성공하려면, 동청철도의 출발지인 남장춘과 관성자, 그리고 이토 히로부미가 도착할 하얼빈과 채가구 모두에서 거사를 준비하는 게 좋겠다고 했다.

그러나 경비가 넉넉지 않은 데다 사람도 부족해 하얼빈과 채가구 두 곳만 거사 장소로 정했다. 이토 히로부미가 탄 기차가 채가구에 정차하면 우덕순과 조도선이 기차에 뛰어올라 저격하기로 하고, 만일 실패하면 종착지인 하얼빈에서 안중근이 이토 히로부미를 저격하기로 계획을 세웠다.

이토 히로부미는 10월 25일 하얼빈에 도착할 예정이었지만, 10월 21일 뤼순 전적지를 살펴본 뒤, 10월 25일 아침 봉천으로 가서 무순 탄광을 돌아보고 그날 밤은 장춘에서 묵고, 하얼빈엔 26일 아침에 도착한다는 전갈이 왔다.

채가구에서의 거사 계획은 이룰 수 없었다. 안중근은 채가구에서 우덕순과 조도선을 끌어안고 뜨거운 눈물로 작별한 뒤, 급히 하얼빈으로 돌아왔다.

26일 새벽, 안중근은 일찍 하얼빈 역으로 갔다. 재형은 거사의 성공을 두 손 모아 빌었다.

하얼빈 역은 러시아 병사들의 삼엄한 경비 속에서 이토 히로부미를 맞이할 준비를 하느라 몹시 혼잡했다. 안중근은 간신히 경비망을 뚫고 역사 안에 있는 찻집으로 들어갔다.

열차는 오전 9시에 하얼빈 역에 도착했다.

이토 히로부미는 환영 나온 러시아의 재무대신 코코프체프와 기차 안에서 회담을 하는지 기차에서 내리지 않았다. 30여 분 후, 코코프체프가 먼저 나오고, 드디어 이토 히로부미가 모습을 드러냈다. 러시아 군악대가 환영 팡파르를 울렸다. 재형은 역사 밖에서 운명의 순간을 기다렸다. 안중근은 사람들 틈에 섞여 있는지 모습이 보이지 않았다.

재형은 이토 히로부미가 도착하는 시간을 재면서 가슴에서 총소리가 들리는 것 같은 착각이 들었다. 이토 히로부미가 의장대를 사열했다. 사열을 마친 이토 히로부미가 귀빈열차 쪽으로 몸을 돌렸다. 안중근은 발끝부터 머리털까지 팽팽하게 곤두섰다. 안중근이 이토라고 확신하는 순간 안중근은 이토를 향해 방아쇠를 당겼다.

한 발, 두 발, 세 발. 잠시 후 다시 네 발, 다섯 발, 여섯 발, 일곱 발까지 울렸다. 역사에 몰려 있던 사람들이 우왕좌왕하는 모습이 보였다. 러시아 병사들의 호루라기 소리가 요란하게 울렸다.

잠시 후 안중근은 힘차게 외쳤다.

"코레아 우라!(대한제국 만세!)"

아! 안중근의 외침은 거사가 성공했다는 신호였다. 재형은 이심전심으로 안중근의 행동과 함께 했다. 이제부터 서둘러 해야 할 일이 있었다. 우선 〈대동공보〉 하얼빈 지국으로 달려갔다. 몇 시간 후에 상세한 거사 소식이 날아들었다. 안중근은 이토 히로부미에게 총 세 발을 정확히 쏘았고, 나머지 네 발은 이토 히로부미와 함께한 수행원에게 날아갔다. 이토 히로부미는 급히 기차 안으로 옮겨졌지만, 총을 맞은 지 30여 분 만에 기차 안에서 목숨이 끊어졌다. 안중근은 현장에서 러시아 경찰에게 체포되었다.

체포된 안중근은 러시아 검찰관의 예비심문을 받았다. 그때 자신이 대한의군 참모중장, 나이는 서른한 살이라고 한 다음, 거사의 동기를 분명하게 밝혔다. 안중근은 이토 히로부미가 대한제국의 독립주권을 침탈한 원흉이며 동양 평화를 어지럽히는 자이므로, 대한의군 참모중장 자격으로 이토 히로부미를 벌한 것이며, 적장을 죽인 자신을 국제법에 따른 포로로 대우하라고 강력하게 요구했다. 자신을 개인 죄수로 취급하지 말라고 명확히 한 것이다.

재형은 하얼빈 역이 러시아가 담당하는 지역이어서 무척 다행으로 여겼다. 안중근이 제3국에서 체포되었으니, 국제재판소에서 재판받는 것이 마땅했기 때문이다. 재형은 대동공보사의 대표이자 변호사인 미하일로프에게 안중근의 변호를 맡게 했다. 그러면 안중근의 목숨은 구할 수 있을 거라고 생각했다.

그러나 일본은 안중근을 국제법으로 재판하지 않았다. 일본 법정에 세웠고, 철저하게 비공개로 재판을 몰고 갔다. 미하일로프는 새형의 부탁대로 안중근을 면회하고 변호를 맡았다. 한편 상하이의 우국지사들도 영국인 변호사 더글러스에게 부탁해 안중근을 변호하게 했다. 재형은 물론 모든 동포가 어떻게든 안중근을 살리려 노력했다. 일본이 미하일로프와 더글러스의 변호를 허락했지만, 국제법을 따르지 않고 일본 법정에서 재판하는 것이 걱정스러웠다.

결국 재형이 걱정한 대로 일이 돌아갔다. 일본은 변호를 허락했지만, 막상 재판에서는 변호사들이 일본어를 못한다는 이유로 변호를 거부했다. 대신 일본인 변호사인 가마타와 미즈노에게 변호하게 했다. 안중근은 국제법 공개재판을 통해, 세계만방에 일본의 침략을 폭로하려던 목표를 이룰 수 없었다. 재형은 앞이 캄캄했다.

세계 여러 나라의 언론들은 이토 히로부미의 죽음과 안중근의 의거를 앞 다투어 크게 보도했다.

안중근은 '내가 이토 히로부미를 죽인 이유 15가지'를 들면서 이토 히로부미의 죄를 나열했다. 재형은 〈대동공보〉에 이 내용을 특별 보도했다.

첫째, 명성황후를 시해한 죄

둘째, 1905년 11월 한국을 일본의 보호국으로 만든 죄
셋째, 1907년 정미7조약을 강제로 맺게 한 죄
넷째, 고종황제를 폐위시킨 죄
다섯째, 군대를 해산시킨 죄
여섯째, 무고한 사람들을 학살한 죄
일곱째, 한국인의 권리를 박탈한 죄
여덟째, 한국의 교과서를 불태운 죄
아홉째, 한국인들을 신문에 기여하지 못하게 한 죄
열째, (제일은행) 은행지폐를 강제로 사용한 죄
열한째, 한국이 300만 파운드의 빚을 지게 한 죄
열두째, 동양의 평화를 깨뜨린 죄
열셋째, 한국에 대한 일본의 보호정책을 호도한 죄
열넷째, 일본 천황의 아버지인 고메이 천황을 죽인 죄
열다섯째, 일본과 세계를 속인 죄

안중근이 나열한 이토 히로부미의 죄목은 양심 있는 일본인들을 깨우쳐 반성하게 했다. 하지만 끝내 안중근의 생명을 구할 수가 없었다. 결국 안중근은 1910년 3월 26일 뤼순 감옥에서 순국하였다.

안중근은 감옥에서 〈동양평화론〉를 집필하고 있었다. 그러나 사형 집행일 안에 끝낼 수가 없었다. 안중근은 〈동양평화론〉을 마칠 수 있게 보름 정도 사형 집행일을 늦춰 달라고 청원했지만, 일본은 하루를 늦췄다. 25일은 순종황제의 생일인 건원절이었기 때문에 한

국인들의 정서를 자극하지 않기 위해서였다. 결국 〈동양평화론〉은 미완의 글로 남겨졌다.

안중근은 법정에서 마지막으로 할 말이 없느냐 물었을 때, '내가 일면식도 없는 이토 공을 미워서 처단했겠느냐? 나는 단지 이토 공이 동양평화를 교란했기 때문에 처단하지 않을 수 없었다.'고 말했다.

재형은 뤼순에 있는 일본 관동도독부 법정의 심문 기록을 보며 뜨거운 눈물을 흘렸다.

"이번 일을 누구와 상의하거나 알렸을 텐데, 그게 누구인가?"
"알리지 않았다."
"의병의 총지휘관은 누구이며 지금 어디 있는가?"
"지금은 어디 있는지 모른다."
"명령을 받았을 게 아닌가?"
"받지 않았다. 나 혼자 결행했다."
"자금은 어디서 조달해줬나?"
"친구에게 돈을 빌렸다."
"그 친구가 누구인가?"
"어릴 때 친구다. 그 친구는 내가 그 돈을 어디에 쓸지 모르고 빌려 주었다. 그 친구는 죄가 없다. 그러므로 밝힐 수 없다."

재형은 안중근의 마음속을 누구보다 잘 헤아렸다. 이토 히로부미 암살의 배후로 재형의 이름을 끝까지 밝히지 않은 것은, 재형 한 사람을 위해서이기도 했지만, 러시아 한인 전체를 위한 것임을 잘 알았다. 재형은 안중근을 살려내지 못한 것이 너무 안타까웠다. 안중근의 순국은 대한제국을 향해 늘 밝게 비추던 큰 별 하나를 잃은 것과 같았다.

재형은 안중근의 시신이라도 잘 모시려고 온갖 방법으로 알아보았지만, 일본은 어디에 묻었는지조차 알려주지 않았다.

안중근이 순국한 후, 재형은 안중근의 가족을 돌보았다. 안중근의 부인을 집으로 불러 필요한 것들을 챙겨주었다. 안중근의 동생 안정근도 재형의 보살핌을 받아 의병으로 활동하면서 재형의 큰아들과 둘도 없는 친구가 되었다.

안중근이 순국했을 즈음에는 〈대동공보〉가 휴간 중이어서 안중근의 순국 기사를 보도할 수가 없었다. 그 후 〈대동공보〉를 다시 발행했을 때, 재형은 의거에 성공한 안중근은 대한제국의 1등 공신이라고 찬양했다. 또 400루블을 〈대동공보〉에 따로 보내 안중근의 순국에 관한 특별지면을 만들어 모든 것을 자세히 알리게 했다. 그러나 일본이 늘 재형을 감시하고 있어 안중근의 가족을 보살피는 데도 조심해야 했다.

그해 여름, 대한제국은 치욕을 날을 맞았다. 일본이 대한제국의 모든 권리를 빼앗아 강제로 차지한 것이다. 바로 한일강제병합이었다.

19
권업회 총재로

　1910년 8월 29일, 일본은 대한제국과 한일합방을 맺었다고 발표했다. 그러나 합방이란 서로가 동등하게 맺은 조약을 뜻하기에, 일본이 대한제국의 주권을 강제로 빼앗은 것은 합방으로 볼 수 없었다. 강제로 병합한 것이었다.
　친일파들과 일본은 버젓이 한일합방이라고 떠들었다. 조선인들은 이날을 국치일로 삼고, 울분을 삼켜야 했다.
　러시아 공사 이범진은 이 소식을 듣고 목을 매 자결하면서, 모든 유산을 재형에게 남기며 조국을 되찾는 데 쓰라고 유언을 남겼다. 국내에서도 애국지사 여러 명이 울분을 참지 못하고 스스로 목숨을 끊었다.
　재형은 그동안 조국을 위해 헌신한 세월이 무상했다. 많은 애국지사가 일본의 압제를 피해 두만강과 압록강을 넘어 연해주로 몰려왔다. 애국지사들은 빼앗긴 나라를 되찾자고 한목소리가 되어 일어섰다. 나라를 빼앗기자 한인 모두가 애국자였고, 모두 항일 투사가 되어 일본을 규탄했다. 그러나 분노한다고 나라를 되찾을 수는 없었다. 냉철한 계획과 준비가 필요했다.

일본은 안중근의 배후로 재형을 지목하고, 밀정을 풀어 결정적인 단서를 찾으려고 미행을 시작했다. 재형은 가족을 데리고 슬라비얀카로 이사했다. 강제병합 후, 조국이 완전히 일본의 손아귀에 들어갔기 때문에 조국과 국경이 가까운 곳에 사는 것 자체가 상당히 위험한 일이었다.

슬라비얀카는 기후가 온화한 편이었다. 해변엔 부드러운 모래가 많았고 갈매기가 평화롭게 날아다녔다. 숲에는 야생사과와 배, 서양호두, 개암나무들이 자라고 있었고, 들장미가 필 때는 어릴 때 지냈던 고향 생각이 더 간절했다.

아내는 이사한 후 여섯째 딸 류드밀라를 낳았다. 재형은 아내가 산후 몸조리를 하는 동안, 틈틈이 아이들과 함께 모래밭에서 놀며 수영도 하고, 날씨가 좋은 날은 도시락을 싸서 해안이 한눈에 내려다보이는 언덕으로 소풍을 가기도 했다. 여름철이면 슬라비얀카에는 군함이나 순양함이 떠 있기도 했는데, 그 모습조차 무척 평화로웠다.

겨울이 되니 식구가 많아 목욕하는 일이 무척 번거로웠다. 재형은 집에서 가까운 곳에 여러 사람이 한꺼번에 들어가 몸을 씻을 수 있는 목욕탕을 지었다. 그 목욕탕을 가족뿐만 아니라 마을 사람도 누구나 이용할 수 있게 했다. 처음으로 공동목욕탕이 생기자 마을 사람들은 재형에게 고마워하면서도 신기해했다.

평화롭기 그지없는 슬라비얀카 마을도 비정규 의병부대인 파르티잔이 늘어나면서 항일 투쟁의 중심지로 변해갔다. 재형의 파르비잔 부대도 홍범도 부대와 함께 연합작전을 펴면서 구체적으로 항일 투쟁을 계획했다.

하루는 연해주 군정 총독인 스베친이 재형을 군정사무실로 불렀다. 재형은 무슨 일인지 궁금해하며 군정사무실로 들어섰다. 스베친 총독의 얼굴이 무척 어두웠다.

"어서 오시오. 좋지 않은 일로 만나게 되어 유감입니다."

재형은 스베친 총독의 말에 어리둥절했다.

"참모부에 표트르 최가 위험한 인물이라는 보고가 들어왔소."

재형은 더 이해할 수가 없었다.

"저는 무슨 말씀인지 전혀 모르겠습니다."

스베친 총독이 고개를 끄덕이며 말했다.

"나도 사실이 아니길 바라고 있소."

재형은 답답해서 더는 기다릴 수가 없었다.

"도대체 무슨 일인지 자세하게 말씀해 주십시오."

스베친 총독은 재형에게 두꺼운 보고서를 내밀었다. 재형은 보고서를 읽기 시작했다.

어이없는 내용이었다. 재형이 위험하고 수상한 인물이며, 조선에서 천대받는 계층 출신으로 억울하게 살았기 때문에 러시아에 사는 동족과 조국을 상대로 복수하기 시작했다고 쓰여 있었다. 오래전부터 복수를 계획했으며, 러일전쟁 후에는 일본에 가서 일본 정권과 비밀회담을 하고 돌아왔다고도 썼다. 러시아에 사는 한인들을 동정하는 척하면서, 실제로는 일본의 밀정 노릇을 하고 있다는 보고였다.

재형은 헛웃음이 나왔다.

"도대체 누가 이런 억지 보고서를 올렸습니까?"

"일본 밀정들이 치밀하게 러시아인을 부추겨서 만든 보고서요. 일본은 이 보고서를 바탕으로 당신을 러시아에서 추방하라며 참모부에 청원하였습니다."

재형은 일본의 악독하고 교묘한 술책에 치가 떨렸다. 그러나 스베친 총독에게 당당하게 말했다.

"총독님의 판단에 맡기겠습니다. 저는 이런 거짓 보고에 대해 조금도 해명할 이유가 없다고 생각합니다. 러시아 국민으로, 또 제 모국인 대한제국의 백성으로 살면서 조금도 부끄러운 짓을 한 적이 없습니다. 총독님께서 저를 사실대로만 조사하신다면, 이 보고서가 터무니없는 거짓이란 걸 바로 알 수 있을 것입니다."

스베친 총독은 재형의 확신에 찬 말을 듣고 고개를 끄덕이며 말했다.

"내가 표트르 최를 부른 것은 이 보고서가 사실인지 아닌지를 따지려는 게 아닙니다. 다만, 이런 모함을 받고 있다는 걸 알려주려고 불렸습니다. 그러니 앞으로 악랄하고 교묘한 일본 밀정들을 더 조심하고, 빌미를 잡히지 마십시오."

재형은 스베친 총독이 고마웠다. 집으로 돌아온 재형은 의병들에게도 일본의 간교에 휘말리지 않게 조심하라고 일렀다.

그 후 우수리스크 철도국 경찰국장 세르바코브는 재형의 추방에 반대하는 탄원서를 스베친 총독에게 제출해 일본의 비열한 계획을 무산시켰다. 이 탄원서에는 '표트르 최는 조선의 애국지사가 분명하다. 일본 밀정의 보고는, 일본이 러시아 국적인 표트르 최를 직접 제거할 수 없자 러시아의 손을 빌려 재형을 없애려는 수작이 분명하다. 방심하면 오히려 러시아가 일본 밀정의 놀음에 놀아날지도 모른다.'고 쓰여 있었다.

그러나 일본이 계속 압력을 넣자 러시아 정부는 한인들의 공식적인 반일활동을 제한할 수밖에 없었다. 러시아는 이범윤, 유인석, 이상설 등 한인지도자 40여 명을 체포하고, 이범윤을 비롯한 한인지도자 8명을 이르쿠츠크로 추방했다. 게다가 일본은 러시아가 중국이나 일본을 상대로 전쟁을 치를 경우, 같은 황인종인 한인은 러시아에 충성하지 않을 거라는 황화론을 교묘하게 이용했다. 러시아에 거짓 정보를 계속 흘려 한인들을 믿지 못하게 만들었다.

대한제국의 국권회복운동에 관한 논설을 실었던 〈대동공보〉도 계속 신문을 발간할 수가 없었다. 일본의 압박을 견디지 못한 러시아 관헌이 강제로 문을 닫게 한 것이다. 〈대동공보〉가 폐간된 후 재형은 청년근업회 신문인 〈대양보〉의 사장을 맡았다.

 그 무렵 러시아는 블라디보스토크 한인들이 모여 사는 개척리를 강제로 철거하고, 러시아 기병부대의 병영으로 삼았다. 쫓겨난 한인들은 블라디보스토크 언덕에 신개척리 마을을 만들고 새롭게 한국을 부흥시킨다는 뜻으로 신한촌이라고 이름을 지었다. 신한촌과 남북으로 연결되는 간선로를 만들 때는 모든 한인이 발 벗고 나섰다. 신한촌 앞바다는 겨울이 되면 바닷물이 얼어서 사람과 마차가 훈춘, 옌지 등 북간도까지 오갈 수 있었고, 의병들도 자유롭게 왕래했다.

 신한촌에 모여 사는 한인들은 일본 사람의 출입을 엄격하게 막았다. 일본 밀정들은 신한촌에 몰래 들어왔다가 발각되어 몰매를 맞고 쫓겨나기도 했다.

 재형은 대양보신문사도 신한촌으로 옮기고, 일주일에 두 번씩 목요일과 일요일에 발간하였다. 한일강제병합에 관한 기사를 집중하여 보도하고, 보통 때 300부 찍던 신문을 1,400부나 찍어 무료로 나누어주었다. 이 때문에 대양보신문사는 항일단체임이 고스란히 드러났고, 러시아는 심하게 간섭하기 시작했다.

 재형은 〈대양보〉도 계속 발간할 수 없게 되자, 이상설과 의논해 러시아와 일본의 간섭을 피할 수 있는 묘안을 짜냈다. 러시아는 이제 재형에게 신문사 허가를 내주지 않을 게 뻔했다. 그래서 러시아에 사는 한인 동포에게 실업을 권장하며 일자리를 소개하고 교육을 보급한다는 취지를 앞세워, 권업회라는 단체를 만들기로 했다.

권업회 임시의회 총재로 재형이 만장일치로 선출되었고, 부총재로 홍범도가 선출되었다. 총재가 된 재형은 자기 생각을 밝혔다.

"권업회가 겉으로는 러시아에 사는 한인 동포에게 일자리를 소개하고 교육하는 걸 목표로 삼았소. 그러나 우리 모두의 마음은 소국의 독립을 갈망하고 있소. 따라서 권업회는 겉으로 보이는 목표보다는 항일투쟁과 독립 의지가 더 강한 단체라고 할 수 있소. 하지만 겉으로는 철저하게 권업만을 강조해야 하오. 우선 러시아가 협조해 주어야 일본의 마수를 피해갈 수 있소. 우리의 첫 번째 사업으로 러시아 관청과 교섭하여 권업회가 공식적으로 설립되었다는 허가를 받아야 합니다."

재형의 말에 모두 고개를 끄덕였다. 재형은 자신이 아는 러시아의 인맥을 모두 동원하여 블라디보스토크 지방재판소로부터 권업회 설립 허가를 받았다. 이어서 10월에 연해주 군 지사에게 권업회의 공식 허가를 요청했다.

1911년 말, 드디어 블라디보스토크 신한촌에 있는 한민학교에서 권업회의 공식 창립총회를 열었다. 창립총회에 참석한 사람들은 연해주 일대의 한인 마을 지역대표들이었다. 권업회 총재인 재형은 의장에 이상설을, 부의장에 이종호를, 그 외 의병으로 활동하던 사람들을 위원으로 뽑았다.

"권업회가 본래 목적을 달성하기 위해서는 러시아의 주요 인사들을 반드시 끌어들여야 합니다. 그러니 최대한 많은 러시아 인사를 맞이합시다."

 재형의 말에 모두 뜻을 같이하고 친한파인 러시아 사람들을 권업회에 가입하게 했다. 연흑룡주 총독 곤다치와 연해주 군지사 마나킨 장군, 블라디보스토크 연구기관 교수인 포드스타빈, 러시아 정교 주교감독국의 기관비서인 포라노브스키 등을 권업회의 명예회원이 되게 했다. 권업회 회원 수는 무려 9,000여 명에 가까웠는데, 러시아 한인 마을 57곳에 사는 한인 대부분이 가입하였다.

 곤다치 총독은 블라디보스토크 주재 일본 총영사에게 권업회와 한인 독립운동의 관계를 파헤쳐주기로 약속해놓고 권업회의 명예회원이 되었다. 곤다치 총독은 그 후 권업회 창립기념일에 축하전문까지 보내 일본의 총영사를 어리둥절하게 하였다.

 이상설은 권업회 창립총회에서 재형을 치하했다.

 "우리 권업회가 러시아 주요 인사를 명예회원으로 끌어들일 수 있었던 것은 최재형 총재가 이들과 긴밀한 관계에 있었기 때문입니다. 고맙습니다."

 이상설의 말에 모두 재형에게 박수를 보냈다.

 재형은 권업회를 창립한 후, 대양보의 인쇄기계를 사들여 권업회에 신문부를 따로 두었다. 신문부 주필에 신채호, 이상설, 장도빈을 임명하여 발간을 준비하고, 포드스타빈 교수 등을 명예회원으로 두었으며, 신문 발행인은 듀코프로 정했다. 러시아 사람을 발행인으로 두어야만 러시아와 일본의 간섭을 피할 수 있었기 때문이다.

마침내 〈권업신문〉 창간호가 무사히 발간되었다. 재형은 한인들이 쉽게 읽을 수 있도록 완전한 한글판도 펴냈다. 일본은 계속해서 권업회를 방해하려 러시아에 압력을 넣었지만, 러일전쟁 10주년을 맞이하여 러시아의 반일감정도 서서히 살아나 일본의 방해공작은 먹혀들지 않았다.

〈권업신문〉 창간호가 나오던 날, 아내는 일곱째 딸 엘리자베타를 낳았다.

다음 해 재형은 로마노프 황가 300주년 기념행사에 한인대표단 단장으로 한인대표 일곱 사람과 함께 상트페테르부르크로 갔다.

20
러시아 한인이주 50주년 기념사업

　재형은 상트페테르부르크에서 러시아가 일본에 복수전을 일으킬 거라는 소문을 들었다. 그 기회를 최대한 이용한다면 항일투쟁을 활발히 벌일 수 있다는 판단에 가슴이 뛰었다.
　재형이 기념행사를 마치고 신한촌으로 돌아왔을 때, 러시아는 블라디보스토크에 해군을 증강하려고 공사를 시작하고 있었다. 재형은 러시아 인맥을 통해 러시아 정부의 은밀한 계획을 다시 확인하고 급히 권업회 임원들을 불러 모았다.
　"러시아가 다시 일본과 전쟁을 벌이기 전에 우선 한인들을 하나로 묶는 작업이 필요합니다. 하지만 지금은 일본의 압력으로 의병활동도 여의치 못하고, 많은 제약까지 받고 있소. 우선 제약을 받지 않고 러시아의 한인들을 하나로 모을 방법을 의논해 봅시다."
　재형의 말에 홍범도가 벌떡 일어났다.

"맞습니다. 우리도 대한광복군을 조직하고, 이 기회에 조국을 되찾아야 합니다."

재형은 홍범도같이 믿음직한 의병이 있어서 마음이 든든했다.

"좋습니다. 하지만 드러내놓고 광복을 외치면 일본이 가만히 보고만 있지 않을 것이오. 우리 한인이 러시아에 이주한 지 내년이면 50주년이 됩니다. 러시아 한인이주 50주년 기념행사를 열어서, 우선 한인들을 한데 모으는 게 어떻겠습니까? 러시아나 일본을 자극하지 않고, 자발적인 행사로 한인들을 하나로 합하는 거지요. 러시아 정부에 우리 한인의 존재를 평화적으로 드러내는 게 중요하오."

재형의 의견에 모두 고개를 끄덕였다.

"시간이 그리 많지 않아요. 그럼 행사 준비를 서두릅시다."

홍범도와 이상설이 앞장서서 한인이주 50주년 행사를 본격적으로 준비하기로 했다. 행사 준비에는 〈권업신문〉이 앞장섰다.

한인이주 50주년 기념행사는 1914년 9월 21일에 블라디보스토크에서 열기로 했다. 날짜를 9월 21일로 정한 것은 이 날이 러시아 공식 기록에 연해주 지역으로 한인이 이주한 날로 나와 있기 때문이었다.

"우리가 러시아에 살고 있으니, 일단 러시아의 호감을 사야 합니다. 어떤 방법들이 있을지 토론합시다."

다양한 방법들이 논의되었다. 우선 한인이 이주해온 이후부터 50년 동안 러시아를 통치한 러시아 황제 3명의 기념비를 세우자고 했다. 장소는 한인들이 처음 러시아 땅에 발을 디딘 지신허와 가까운 포시에트로 정했다. 기념비를 세우는 날, 러시아 각 지방의 한인대표와 한인학교 학생들을 초대하기로 했다. 재형은 학생들의 여비와 숙식비는 물론, 행사 경비 대부분을 냈다. 자신이 열심히 모은 돈을 러시아 한인들을 위해 쓰는 것을 기쁨으로 여겼다. 재형은 미주와 중국 지역에 사는 한인 단체에도 알려서, 젊은 한인들이 민족의식을 높일 수 있게 초청장을 보내기로 했다.

〈권업신문〉은 한인의 러시아 이주 50주년에 관한 역사를 한문과 러시아어로 싣기로 하고, 이주에 관한 논문을 써서 기념식에 참석한 모든 사람에게 나눠주기로 했다. 논문은 포드스타빈 교수가 쓰기로 했다. 러시아 관청에 있는 한인 노인들의 서류와 사진, 회고록 등 한인이주에 관한 자료를 모아서 권업회에 제출하기로 했다. 또 50주년 기념행사가 한인들만의 행사가 아니라는 점을 강조하기 위해 곤다치 총독은 물론, 연해주의 주요 러시아 인사들도 초청하기로 했다. 한인이주 50주년 기념사업 명예회장은 포드스타빈 박사가, 실질적인 회장은 재형이 맡았다.

한인이주 50주년 기념사업은 조국의 국권을 되찾기 위한 전주곡이었다. 기념사업을 성공적으로 마치면, 러시아에서 한인들의 위상도 한층 높아지고, 한인들의 조국애도 더한층 강해질 것이었다.

권업회에서는 기념회 총 경비를 약 4만 루블로 예상하고, 이를 위해 한인들에게 의연금을 모으기로 하였다. 재무를 맡은 회원이 재형에게 걱정스럽게 물었다.

"총재님께서 이미 많은 돈을 내셨는데, 혹시 한인들이 모금을 너무 많이 한다고 불평하지 않을까요?"

재형은 재무담당에게 은밀하게 말했다.

"이 기념사업 후의 일이 더 중요하오. 모금한 돈은 조국광복운동에 군자금으로 쓸 생각이오."

재무담당은 그제야 고개를 끄덕였다.

모금은 주로 재형과 이범윤이 앞장서서 했다. 재형은 봉준이를 찾아갔다. 봉준이는 재형을 보자마자 당황하며 물었다.

"오랜만이구나. 요즘 큰일을 준비한다는 소식이 들리던데. 정말 대단해."

봉준이는 재형 앞에서 늘 하던 대로 칭찬부터 앞세웠다. 재형은 모든 감정을 안으로 삭이며 진지하게 말했다.

"형의 도움이 필요해. 한인이주 50주년 기념행사는 러시아에 사는 모든 한인의 축제야. 한인들의 위상이 높아지면 형의 장사에도 많은 도움이 될 거야. 형이 이번 일에 앞장서 준다면 목표액에 금방 도달할 수 있을 것 같아. 부탁해. 형."

봉준이는 훌륭한 일에 뜻을 같이하겠다며 흔쾌히 약속했다. 재형은 지난 일들이 떠올라 웃으면서 말했다.

"난 형을 믿어. 한인들끼리 서로 모함하고 시기하고 질투하는 일들은 바람직하지 않아. 난 형을 항상 소중하게 생각해. 고마워, 형."

재형은 봉준이를 보며 처음으로 자신의 나이를 생각했다. 아홉 살에 두만강을 건넜는데, 어느새 쉰 중반을 넘었다는 게 믿어지지 않았다. 봉준이는 재형보다 두 살이 많으니 코앞에 예순을 앞두고 있었다.

한인들은 대부분 모금 운동에 동참했다. 재형은 한인들이 내는 의연금을 소중하게 받으며, 조국의 광복을 위해 보람 있게 쓸 것을 마음속으로 다짐했다.

재형은 엘레나에게 가정을 맡겨놓고, 자신은 오로지 조국 독립을 위해 눈코 뜰 새 없이 바쁘게 뛰느라 아내와 아이들에게 항상 미안했다. 엘레나는 재형이 기념사업 준비로 한창일 때 막내 아들 비켄티를 출산했다. 재형은 자식 복이 많은 셈이었다. 막내까지 합쳐 아들 넷에 딸이 일곱이었다.

21
사라예보의 총소리

재형이 러시아 한인이주 50주년 기념행사 준비를 거의 다 마쳤을 때였다. 기념식을 바로 두어 달 남겨놓고, 보스니아의 수도 사라예보에서 세계를 뒤흔들게 될 총성이 울려 퍼졌다.

1914년 6월 28일, 오스트리아-헝가리의 왕위 계승자인 프란츠 페르디난트 부부가 사라예보에서 암살되었다. 이 사건으로 유럽 전체가 전쟁의 소용돌이에 휘말렸다. 제1차 세계대전이었다.

재형은 허탈하기 그지없었다. 한인이주 50주년 기념행사를 통해 한인들을 하나로 묶고 조국의 주권을 되찾으려던 열망은, 새로운 전쟁의 시작으로 일본과 러시아가 동맹국이 되어버리자 하루아침에 물거품이 되고 말았다.

일본은 러시아와 관계가 좋아진 틈을 타서, 러시아에 사는 한인지도자 28명을 추방하라고 러시아에 압력을 넣었다. 거기엔 재형도 끼어 있었다.

한인들은 재형을 찾아와 울분을 토해냈다. 홍범도가 재형에게 탄식하듯 물었다.

"우리의 노력이 모두 물거품이 된 게 분해서 참을 수가 없습니다. 더구나 총재님을 추방한다니 기가 막힙니다. 총재님의 죄목이 뭔지 아세요?"

"무슨 혐의라고 하던가요?"

"쥐새끼 같은 놈들입니다. 총재님이 권업회 창건을 빌미로, 대한제국 독립자금으로 1만 5,000루블을 모금했다는 혐의랍니다."

"너무 흥분하지 마시오. 우리를 옹호하는 러시아 인사들이 많으니 잘 해결될 거요."

재형은 홍범도를 비롯한 권업회 회원들을 다독이며 다시 말했다.

"이럴 때일수록 러시아에 우리의 존재를 알려야 하오. 지금 전쟁이 벌어졌으니, 우리가 러시아군을 후원하는 모금을 하는 게 어떻겠소."

"맞습니다. 이럴 때일수록 러시아에 호의를 보여야 합니다."

재형은 회원들과 함께 신한촌에서 러시아 군대를 위한 모금 발기회를 만들었다. 하지만 1916년에 러일신협약이 다시 체결되자, 러시아는 블라디보스토크에 사는 한인들을 본격적으로 탄압하기 시작했다. 일본이 신협약에서 러시아 정부에 한인들의 독립운동을 철저하게 막으라고 요구했기 때문이었다. 한인지도자들 대부분이 가택수색을 당했고, 재형은 체포되어 우수리스크 군 소재지에 감금되었다.

권업회 임원들은 재형을 어떻게 구해내야 할지 논의했다. 그 무렵 우수리스크에 재형의 큰딸 베라가 살고 있었다. 사위인 김 야코프 안드레위츠는 어릴 때 재형에게 글을 배웠는데, 마침 우수리스크에서 선생을 하고 있었다. 재형은 사위 친구의 도움으로 무사히 풀려날 수 있었다. 권업회는 이제 더는 활동할 수 없게 되었고, 〈권업신문〉도 폐간되고 말았다.

그즈음 러시아는 국내 문제가 복잡하게 뒤엉켜 있었다. 니콜라이 2세는 세계대전을 치르는 동안 600만 명이 넘는 군대를 파견했고, 전쟁에 쏟아 부은 돈 때문에 국고가 텅 비어 버렸다. 니콜라이 2세가 국고를 채우려고 세금을 올리자, 굶주림에 시달리던 노동자와 농민들은 빵을 달라고 외치며 거리로 쏟아져 나왔다. 전쟁에 지친 병사들까지 니콜라이 2세의 진압 명령을 거부하고 시위대와 함께했다. 니콜라이 2세는 더 버틸 수가 없었다.

1917년, 결국 니콜라이 2세가 물러나고 러시아공화국 임시정부가 들어섰다. 하지만 임시정부 역시 전쟁을 계속하면서 오래 버티지 못하고 레닌이 이끄는 볼셰비키에 무너졌다. 무장한 농민, 노동자, 병사들이 상트페테르부르크로 몰려가서 임시정부를 몰아내고 권력을 잡은 것이다. 레닌은 이 혁명에서 승리하자 볼셰비키 당을 공산당으로 바꾸고 세계 최초로 노동자와 농민의 정부를 세웠다.

소비에트 사회주의 정부는 대지주의 토지를 농민들에게 나누어주고, 주요 회사나 공장, 철도, 전기, 수도를 국가의 소유로 만들었다.

혁명에 반대하는 귀족과 지주와 자본가들이 거세게 항의했으나, 결국 노동자와 농민의 혁명정부가 들어선 것이다.

러시아 혁명으로 극동 지역은 혁명파인 적위파와 반혁명세력인 백위파가 싸우는 내전의 소용돌이에 휩싸였다. 재형의 큰아들은 적위파로, 로슬라브스크의 소비에트 대표이자 군사부문 의장으로 선출되었다.

재형을 비롯한 의병들은 한인들의 권리를 보호하기 위해 하루빨리 한인을 하나로 모으는 기구를 만들 필요가 있었다. 재형은 권업회를 함께 이끌었던 동지들을 모아서 우수리스크에서 전로한족대표자회의를 열었다.

재형은 회의를 열고 연설을 했다.

"우리는 러시아 땅에 살고 있으니 러시아의 정세를 정확히 읽어야 독립운동을 계속할 수 있습니다. 하루빨리 우리를 대표할 수 있는 단체를 만들고, 단체 이름으로 러시아 혁명정부와 소통해야 합니다. 우선 급한 대로 한족대표자회의를 결성합시다. 러시아 혁명정부가 승리할 때까지, 잠시 항일투쟁을 중단하고 한족대표자회의 이름으로 혁명정부를 지지하는 결의문을 보내는 건 어떻습니까?"

재형의 말에 반대파가 고개를 저었다.

"나는 그 의견에 동의할 수 없소. 우리는 어디까지나 조국의 독립이 우선이오. 항일운동을 그만두다니 말도 안 되오."

반대파는 러시아에 귀화하지 않은 채 항일운동에만 관심있는 사람들이 많았다. 재형은 하나만 생각하고 둘은 생각하지 않는 반대파에게 차근차근 말했다.

"우리 한인들은 모두가 조국의 독립을 원하고 있소. 다만 지금은 때를 기다리며 먼저 할 일을 하는 것뿐입니다."

그러나 반대파는 재형의 말을 끝까지 들어보지도 않고 회의장을 나가버렸다. 결국 우수리스크에 사는 귀화 한인들만으로 고려족중앙총회를 조직해야 했다.

"아쉽긴 하지만 어쩔 수 없소. 우리끼리라도 러시아 혁명정부에 참여해야 하오."

"맞습니다. 그래야 한인의 안전을 보장받고 후일을 도모할 수 있습니다."

"일본이 러시아 혁명군을 학살한 현장을 보았습니다. 끔찍했습니다. 우리가 혁명군 편에 서야 일본과도 싸울 수 있습니다."

"그렇소. 우리의 원수는 언제나 일본이니까."

한인들은 모두 일본이라면 이를 갈았다. 봉준이도 재형과 함께 고려족중앙총회 임원으로 선출되었다. 재형은 봉준이에게 한때 섭섭했던 감정을 모두 씻어내고 진심으로 고마워했다.

그러나 사람이 갑자기 변하면 나쁜 일이 일어난다는 말을 증명이라도 하듯, 어느 날 봉준이가 쓰러졌다. 봉준이는 재형의 문병을 받고 그동안 재형을 모함한 것을 진심으로 사과했다.

"진심이야. 젊은 시절의 내 어리석음을 용서해줘. 너를 보면 내가 왜 그렇게 하찮게 작아지는지, 그걸 견딜 수가 없었지. 돌이켜보면 내 그릇이 너무 작고 옹졸했어. 재형아. 이제라도 너와 함께 보람 있는 일을 해보고 싶었는데, 이제 난 끝난 것 같다."

재형은 봉준이의 말에 가슴이 울컥했다.

"형, 그런 말 하지 마. 형은 훌륭했어. 장사에도 성공했고, 조선을 위해 많은 일을 했잖아. 정말 고마워, 형. 어서 훌훌 털고 일어나 나를 도와줘."

재형의 말에 봉준이가 눈물을 흘렸다. 봉준이는 며칠 후 세상을 떠났다. 재형은 봉준이가 죽은 다음에야 친형보다 봉준이의 영향을 더 많이 받았다는 사실을 실감했다. 봉준이의 장례식에서 재형은 봉준이가 못 다한 삶까지 조국을 위해 바치겠다고 다짐했다.

재형이 봉준이를 떠나보내고 울적해하고 있을 무렵, 더 큰 슬픔을 겪어야 했다. 큰아들이 반혁명세력인 백위군과의 전투에서 중상을 입고 이르쿠츠크 병원에 입원했다는 소식이 들려왔다. 재형은 급하게 큰아들에게 달려갔다. 부상은 심각했다.

재형은 아들에게 말했다.

"아비로서 네게 할 말이 없구나. 한인들을 보살피느라 너희를 잘 돌보아주지 못했어. 가족보다는 한인들의 아픔이 더 컸고, 조국의 슬픈 현실이 더 큰 아픔이었다. 그런데도 너희는 정말 잘 자라주었지. 훌륭한 선생이고, 용감한 군인이었는데……. 페트로비치, 넌 자랑스러운 내 아들이다. 어서 일어나거라."

재형은 큰아들 손을 잡고 한참 동안 말문을 열지 못했다. 큰아들이 간신히 입을 열었다.

"아버지, 아버지는 위대한 인도주의자예요. 저희 형제들은 아버지의 큰 사랑 안에서 행복하게 자랐습니다. 아버지는 저희 앞에서 한 번도 큰소리를 내거나 얼굴을 붉힌 적이 없으셨어요. 저도 아이들을 키우면서 아버지의 큰 사랑을 닮으려고 노력했지만 잘되지 않았어요. 아버지, 부디 몸조심하세요. 이제 아버지의 건강도 돌보셔야 해요."

"그래. 고맙구나. 애야, 어서 훌훌 털고 일어나다오."

재형은 큰아들이 부상에서 쉽게 회복될 수 없음을 알았다. 그래서 더 목이 메었다. 아들을 병원에 두고 집으로 돌아오면서 재형은 가족을 생각하며 뜨거운 눈물을 흘렸다.

재형이 집으로 돌아온 지 열흘도 못 되어 아들이 세상을 떠났다는 연락이 왔다.

재형은 아들의 장례를 끝내자마자, 1918년 8월 29일 조국의 국치일을 맞아 큰 행사를 벌였다. 블라디보스토크의 신한촌에 있는 한민학교에서 오전 9시에 학교기를 선두에 세우고, 애국가를 부르며 신한촌을 행진했다. 10시에는 한민학교 문 앞에 태극기를 달았다. 오전 11시에는 한인 수십 명이 태극기를 흔들며 신한촌을 순회하고, 틈만 나면 길가에서 연설했다. 오후 7시부터는 한민학교 운동장에서 신한촌 한민회 주최로 1,000여 명이 참석한 가운데 국치일의 울분을 다시 한 번 되새겼다.

재형은 얀치혜의 학교에서도 한민회 회장으로서 교사들과 함께 연극을 했다. 극의 내용은 안중근 의사의 이토 히로부미 저격에 관한 내용과, 을사5적인 친일파들의 행동, 일본 고관들의 말과 행동 등을 풍자한 것이었다. 재형은 이틀 동안 연극을 공연했는데, 수청 지방에서 온 사람들도 많아, 관객 수가 1,200여 명이나 되었다.

이즈음 일본의 밀정 기토가 계속 재형의 뒤를 밟고 있는 것을 알게 되었다. 기토는 재형이 한인들의 독립운동의 실질적인 대부이며 안중근의 배후인물이라 확신하고 오래전부터 미행해오고 있었다. 재형은 기토 때문에 항상 밤늦게 집으로 돌아갔다. 이사도 자주 했다. 얀치혜에서 노보키예프스크로, 다시 슬라비얀카로 이사했다. 재형은 언젠가는 보복을 당할 것 같았다. 어느 날 재형은 아내 엘레나에게 말했다.

"아무래도 여기서는 맘 놓고 일할 수가 없소. 한동안 집을 떠나 있을까 하오."

아내는 재형이 자주 집을 떠나 있었기 때문에 담담하게 물었다.

"어디로 가실 건데요?"

"나도 모르겠소. 파르티잔의 생활을 알지 않소? 미안하오."

재형은 아내에게 아이들을 부탁했다. 엘레나는 재형이 조국의 광복과 한인들을 위해 전념할 수 있도록 아이들을 돌보며 가정을 잘 지켜주었다. 재형은 엘레나를 꼭 끌어안고 말했다.

"당신에게 늘 감사하오. 진심으로 사랑하오. 그리고 미안하오."

재형은 기토 때문에 가족에게도 어디로 가는지 알리지 않았다. 가족이 자신의 거처를 모르는 것이 더 안전하다고 생각했다.

재형은 우수리스크로 갔다. 그곳에서 재형은 파르티잔 부대에 비밀스럽게 무기를 공급하는 특별 임무를 맡았다.

엘레나는 아이들을 데리고 블라디보스토크의 동서 집에서 지냈다. 얼마 후 재형은 일과 생활이 안정되자 아내와 아이들을 우수리스크로 데려왔다. 그제야 기토의 감시에서 벗어나 가족과 함께 평온하게 생활할 수 있었다. 그즈음 집에 있는 아이 다섯은 학교에 다녔고, 막내아들 비켄티는 아직 어린 꼬마였다.

우수리스크의 한인들은 재형이 이끄는 대로 고려족중앙총회를 통해 정치 활동에 참여했다.

1918년 재형은 고려족중앙총회의 한인대표로 시베리아 독립정부에 파견되어 가기로 했다. 러시아에 사는 한인들은 어떤 모임에서든지 재형을 자신들의 대표자로 내세우려 했다. 재형은 우수리스크에서 열린 제2회 전로한족대표자회의에서도 이동휘와 함께 명예회장으로 추대되었고, 바로 후에 열린 간부선거에서도 이동휘와 함께 고문으로 선출되었다.

22

파리강화회의

  1918년 2월, 미국과 영국 등 열여섯 나라가 러시아 혁명이 극동으로 번져 나가는 것을 막기 위해 시베리아에 국제간섭군을 파견했다. 일본은 가장 많은 7만여 명의 군인을 파견하여 시베리아 전 지역을 장악하려고 했다.

  재형은 반일 파르티잔 투쟁에 앞장서 싸웠지만, 일본 군대가 드러내놓고 압박하는 바람에 항일활동은 움츠러들 수밖에 없었다.

  1918년 11월 11일, 제1차 세계대전이 4년 만에 막을 내렸다. 독일이 항복하면서 연합국이 승리했다. 연합국은 패전국인 독일, 오스트리아 등을 어떻게 할 것인가를 두고 머리를 맞댔다. 일본은 영일동맹과 러일협약을 계기로 동아시아와 태평양 지역에서 자신의 세력을 확대하려 했다. 유럽이 중국의 정세를 살필 겨를이 없는 틈을 타서, 일본은 중국에 대한 야욕도 드러냈다.

1918년 11월에 재형은 고려족중앙총회를 한족상설의회로 바꾸었다. 그때 미주에 사는 한인 동포 단체인 대한인국민회에서 한족상설의회 앞으로 전문이 날아왔다. 미국의 윌슨 대통령이 민족자결주의를 내세우며, 각 민족이 스스로 자기 나라를 세워 통치하고 다른 민족이나 국가의 간섭을 받지 않아야 한다고 주창했다는 내용이었다.

재형은 러시아 신문을 통해서도 민족자결주의에 대해 들었다. 윌슨의 민족자결주의는 대한제국의 광복에도 서광을 비추는 것 같았다.

1918년 12월에 미국 뉴욕에서 세계약소민족동맹회의가 열렸는데, 제2차 총회에서 약소민족자결주의 원칙에 따라 파리강화회의에서 약소민족을 독립시키자는 결의를 준비 중이라고 했다. 재형도 한족상설의회를 소집하고 파리강화회의에 대해 알아보기 시작했다.

미국에 사는 동포들은 민족자결주의 원칙에 따라 대한제국도 독립할 수 있으리라 기대하고 활발하게 움직였다. 미주 대한인국민회 중앙총회는 이승만, 안창호를 대한인국민회 대표로 파리강화회의에 파견하겠다며, 한족상설의회에서도 러시아 지역 한인대표를 파견하라고 요청하였다.

재형은 동지들을 불러 모아 회의를 열고 미주에서 온 소식을 전했다.

"우리도 파리강화회의에 러시아 지역 한인대표를 보내야 합니다."

"당연한 말이오. 어서 서둘러 준비해야 하오."

"우선 다른 지방에 있는 한인들을 모아서 대표를 뽑읍시다."

1919년 1월, 러시아 전역에 사는 한인대표들이 니코리스크 한족회로 모여들었다. 회의에는 무려 200여 명이 모였는데, 이 기회에 기필코 조선의 독립을 달성하자고 뜨거운 마음을 모았다.

니코리스크 한족회 회장 문창범과 러시아 육군장교인 한영준, 안중근의 동생인 안정근과 안중근의 사촌인 안장근도 참석했다. 이 대회에서 노령조선인 대표로 이동휘를, 연선 지방 대표로 백순을, 시베리아 귀화인 대표로 얀치헤의 한민회 회장인 재형을 선출했다. 미주에서는 안창호와 이승만 두 명을 파리강화회의에 보내기로 했기 때문에, 러시아에서도 한인 대표 두 명을 참석시키기로 하고 이 중에서 누구를 보낼 것인지 의논을 시작했다.

"프랑스에서 열리는 회의니 우선 불어를 하는 사람을 뽑아야 하오."

재형의 말에 사람들이 웅성거리더니 하바롭스크에서 온 한인이 말했다.

"그렇다면 젊고 능력 있는 인물로 김보와 김 알렉세이를 추천합니다. 김 알렉세이는 현재 연해주 구 재판소 판사로 유망한 젊은이입니다. 또 김보도 하바롭스크에서 활발하게 활동하는 한인입니다."

이번에는 우수리스크에 사는 한인대표가 일어났다.

"이번 일은 아주 중요한 일입니다. 만약에 일본이 눈치를 채면 밀정을 풀어 매수할 수도 있습니다. 젊은 사람은 일본이 거금을 주겠다고 하면 매수당할 위험이 있어요. 그러니 항일 경력도 많고, 나이도 지긋한 사람이 가야 합니다. 저는 최재형 회장과 이동휘 선생과 유동열을 추천합니다."

재형은 천천히 고개를 저으며 말했다.

"이동휘 동지와 나는 얼굴이 알려져서 곤란합니다. 안전을 생각해서 적임자를 다시 뽑아야겠소."

다시 의논하여 윤해와 고창일을 파리강화회의에 보내기로 했다. 이날 회의를 마친 한인들은 한족대운동회라는 이름으로 태극기를 들고 니코리스크 전역을 돌며 조선의 독립을 외쳤다. 이에 놀란 일본이 태극기를 빼앗고 강제로 해산하게 했다. 한인들은 태극기를 돌려받기 위해 대책을 논의했다.

"우리가 운동회를 한다는데 태극기를 빼앗다니, 말도 안 됩니다."

"시베리아 총독을 찾아가서 부탁하는 게 어떻소?"

"러시아는 일본과 말썽을 일으키는 걸 싫어해요. 차라리 국제간섭군인 미군에게 부탁하는 게 어떻겠소? 미주에서 온 소식에 의하면, 미국은 약소국에 호의적이라 들었소."

한인들은 국제간섭군으로 시베리아에 와 있는 미군을 찾아갔다. 미군은 바로 태극기를 돌려받게 해주었다. 미군은 일본군에게 한인들이 친목을 위해 단순히 운동회를 했고, 기분이 좋아서 조국의 국기를 들고 다닐 수도 있는데, 태극기를 강제로 빼앗는 것은 인도적이지 않다고 말했다. 그 일을 계기로 러시아의 한인들은 미국에 좋은 감정을 갖게 되었다.

재형은 그 사건 이후에 미군 육군 장교를 비밀고문으로 하여 각 지방회와 연락하고, 세계 곳곳에 흩어져 있는 독립단체를 하나로 묶어

독립운동을 효과적으로 펼치는 방법을 찾기 시작했다. 특히 파리강화회의에 대표단을 보내면서 임시정부를 세워야 할 필요를 절실히 느꼈다. 재형은 임원들과 의논하여 한족상설의회 이름을 대한국민의회로 바꾸었다. 손병희를 대통령으로 하고 박영효를 부통령, 이승만을 국무총리로 하는 임시정부를 블라디보스토크에서 처음으로 조직했다.

1919년 1월 18일, 제1차 세계대전의 전승국 27국 대표가 파리에 모여 회의를 열었다. 미주에서 가기로 한 대표는 여권이 나오지 않아 가지 못했고, 러시아 대표인 윤해와 고창일은 러시아어와 불어로 러시아 조선인총대표라고 쓴 문서를 가지고 참석했다.

하지만 파리강회회의를 앞둔 1월 22일, 고종황제가 서거했다는 소식이 들려왔다. 파리강화회의에서 독립이 이루어질 것이라고 기대에 부풀었던 한인들은 슬픔을 가눌 길이 없었다.

블라디보스토크 신한촌에 있는 대한국민의회 건물에도 조기를 달았다. 일본에서 유학하는 학생들은 윌슨의 민족자결주의를 외치며 일본의 심장부인 도쿄에서 조선독립선언문을 낭독하고 거리 행진을 했다. 뒤이어 조선청년독립단을 발족하고, 미리 준비한 독립선언서를 조선총독부와 도쿄에 있는 신문사, 잡지사, 저명인사와 학자들에게 보냈다는 소식이 들렸다. 재형도 일본 유학생의 만세시위 소식을 듣고 대한국민의회 임원들을 블라디보스토크로 불렀다.

"우리도 대한제국을 독립국으로 승인하라는 최후통첩을 일본 정부에 보내야 합니다. 일본이 여기에 응하지 않으면, 국내와 국외에 있는 독립운동가들 모두 블라디보스토크에 모여서 시위운동을 벌입시다."
재형의 말에 모두 얼굴이 상기되었다.
"맞아요. 우리도 대한인의 의기를 보여야 합니다. 시위운동을 벌이는 그날은 조선인 상점과 학교가 모두 문을 닫고, 학생들도 모두 시위에 참가하게 합시다."
한인들의 결의는 곳곳으로 퍼져나갔다.
한편, 국내에서는 고종황제의 장례식 이틀 전인 3월 1일에 손병희, 한용운을 비롯한 민족대표 33인이 독립선언을 하고 만세시위를 벌이기로 했다는 소식이 날아왔다. 만세시위 날을 특별히 3월 1일로 정한 것은, 3월 3일에 치를 고종황제의 장례식에 참석하려고 전국에서 많은 사람이 경성으로 올라올 것으로 예상했기 때문이었다.
민족대표 33인은 3월 1일에 종로의 탑골공원에서 독립선언식을 하기로 했다. 그러나 2월 28일, 민족대표들은 갑자기 독립선언식 장소를 요릿집인 태화관으로 바꾸었다. 탑골공원에 많은 사람이 한꺼번에 모이면, 시위가 격렬해질 경우 다치는 사람들이 생길까 봐 장소를 바꾼 것이었다.
3월 1일 아침, 경성 시내에서는 학생들이 독립선언서와 만세시위에 다 같이 함께하자는 글을 뿌렸다. 소문은 금세 퍼져나갔다. 민족대표 33인은 태화관에 모여 독립선언서를 낭독한 뒤 일본 경찰에 전화를 걸어 스스로 잡혀 들어갔다. 탑골공원에 모여 있던 사람들은 아무리 기다려도 민족대표들이 나타나지 않자, 학생들에게 독립선언서를 낭독하라고 했다. 독립선언서 낭독을 마치기가 무섭게 '대한독립만세' 소리가 터져 나왔다. 만세시위는 약 2개월 동안 전국 각지와 해외에까지 퍼져나갔다.

만세운동이 시작되자 독립투사들이 잇달아 연해주로 몰려왔다. 재형은 독립투사들과 함께 의병과 의연금을 모으고 무기를 모집하는 데도 온 힘을 쏟았다. 대한국민의회는 회장 문창범, 부회장 김철훈, 서기 오창환을 다시 선출하고, 3월 17일에 독립선언서를 나누어주었다. 이후 재형을 외교부장, 이동휘를 선전부장으로 임명하고, 이동휘를 간도에 파견하여 독립운동을 선전 선동하게 하였다.

대한국민의회는 이범윤을 선전부장에 임명하여 옛 부하들을 모으려 했으나, 이미 노인이 된 이범윤은 그 일을 감당하기가 어려웠다. 그러자 홍범도가 나서서 이범윤의 옛 부하들을 소집하고, 이동휘가 훈련을 맡았다.

그해 4월, 중국 상하이에서는 김규식, 이동녕, 이시영 등 많은 애국지사가 모여 대한민국 임시정부를 만드는 일을 논의했다. 해외에 흩어져 있는 독립단체를 하나로 통일하고 임시정부를 세우기로 한 것이다. 1919년 4월 11일, 상하이에 모인 독립투사들은 새 정부의 이름을 '대한민국 임시정부'로 하고 이승만을 국무총리, 이동휘를 군무총장으로 정하고 당분간 상하이에 본부를 두기로 했다. 대한민국 임시정부는 곧바로 독립을 위해 움직였다. 가장 시급한 것은 독립운동 자금이었다. 임시정부는 국내 곳곳에 비밀조직을 만들어 자금을 모았고, 스무 살 이상 된 남녀에게 1인당 1원씩 거두기로 했다.

재형은 상하이 임시정부에 재무총장으로 임명되었다. 그러나 재형은 재무총장직을 수락할 수 없는 이유를 분명하게 댔다.

"나는 상하이 임시정부의 노선을 찬성하지 않소. 나는 부장투쟁이 중요하다는 생각에 변함이 없소. 싸우지 않고 외교의 힘만으로 우리 대한제국을 지킨다는 것은 인정할 수 없소. 나는 러시아에서 계속 무장투쟁을 할 것이오. 내 확고한 신념을 지켜나가려고 하니 하루라도 빨리 나 대신 재무총장에 알맞은 사람을 찾으시오."

결국 재형은 상하이에서 대한민국 임시정부가 수립된 후 같은 해 6월까지 재무총장직을 수행하고 그만 두었다.

재무총장은 재형의 신분에 꿈도 꿀 수 없는 엄청난 자리였다. 그러나 재형은 재무총장이란 자리에 앉는 영예보다 러시아 땅에서 힘을 길러 조국을 되찾는 일에 앞장서서 끝까지 무장투쟁을 하는 게 훨씬 중요했다. 러시아는 내전으로 치달았다. 황제의 군대인 백군과 파르티잔 혁명군과의 치열한 전투가 이어졌다. 국제간섭군이란 명분으로 러시아 땅에 진주한 일본은 러시아 황군인 백군과 손을 잡았다. 한인들의 적은 무조건 일본이었기에 러시아 황군과 결합한 일본을 상대로 싸우는 파르티잔 부대 즉 혁명군과 손을 잡아야 했다.

재형은 본격적인 독립운동을 앞두고 부족한 자금을 모금했다. 자신이 가진 재산 전부를 내놓았으며, 파르티잔이 되어 일본군과 싸우기 위해 집을 떠났다.

23
시베리아의 별이 되다

　1920년 3월, 아무르 강 하구 니콜라예프스크에서 한러 연합부대가 일본군을 섬멸한 니항 사건이 일어났다. 재형이 함께 한 파르티잔이 대승을 거둔 전투였다. 그러나 이 사건은 시베리아를 장악하려는 일본의 강경파에게 좋은 구실을 주었다. 일본은 이를 계기로 더 많은 군대를 연해주로 보냈다.

　재형은 집을 떠나 혁명군의 참모장인 아들 파벨과 함께 파르티잔으로 싸웠다. 파벨은 참모장이면서도 아버지인 재형의 의견을 물어 작전을 지시했다. 재형은 아들과 함께 계속 승리에 승리를 거듭하며 조국의 경성까지 밀고 들어가 태극기를 휘날리고 싶었다.

　그러나 연전연승을 하던 파르티잔들은 일본군의 총공세에 밀리기 시작했다. 일본군은 탱크와 장갑차, 비행기, 군용트럭이 있었고, 군인들도 정규군이었다. 그에 비해 파르티잔들은 젊은 노동자나 농민들이었고, 군사 교육도 제대로 받지 못해 일본의 대대적인 공세에는 밀릴 수밖에 없었다. 재형도 이제 나이를 생각하지 않을 수 없었다. 마음은 청춘인데, 아무리 빨리 달리려 해도 숨이 헉헉 차올랐다. 파벨이 안타깝게 말했다.

"아버지, 일단 하바롭스크 북쪽으로 철수해야겠어요. 일본군의 공세가 만만치 않습니다."

"알았다. 어서 명령을 내려라."

아들 파벨이 재형에게 걱정스럽게 말했다.

"아버지, 입수된 정보를 따르면 일본군이 신한촌을 쓸어버린다고 했답니다."

"뭐라고? 그게 정말이냐?"

"지금 우리를 쫓는 일본군들과 거의 같은 수의 일본군이 후방에 남아 한인들이 사는 마을을 불바다로 만든다는 정보가 들어왔어요."

재형은 갑자기 우수리스크에 있는 가족들이 떠올랐다.

"신한촌을 공격한다면 우수리스크도 불안해. 나는 얼른 집으로 가서 식구들을 데리고 하바롭스크로 피해야겠다."

아들 파벨이 깜짝 놀라 재형에게 말했다.

"아버지, 집에 가셨다가는 기토에게 붙잡힐지도 몰라요. 그자는 수많은 밀정을 풀어 아버지를 뒤쫓고 있어요. 집에도 분명히 기토의 끄나풀이 감시를 하고 있을 거예요."

"아니야. 만약에 잡히더라도 국적이 러시아인이니 함부로 하지 못할 거다. 시간이 없다. 빨리 가서 가족들을 피신시켜야겠어. 하바롭스크에서 만나자."

재형은 서둘러 우수리스크로 향했다.

"저희도 총재님과 함께 가겠습니다. 혼자 가시는 건 위험해요. 가다가 일본군을 만날 수도 있습니다."

함께 싸우던 김이직과 엄주필이 부하 둘과 함께 재형을 따랐다. 재형은 마음이 급했다.

파벨의 말대로 일본군은 한인들이 사는 연해주 일대에 총공세를 퍼부었다. 일본군 사령부는 3월 중에 블라디보스토크, 하바롭스크, 기타 연해주에 있는 적위군 파르티잔 부대에 전면 공세를 준비하라고 비밀리에 명령을 내렸다. 한인부대와 한인사회도 주요 공격 대상이었다. 3월 31일 일본 군대는 일본 신민의 생명과 재산에 대한 위협과 만주 및 조선에 대한 위협이 엄존한다는 성명을 발표했다.

4월 4일 밤, 블라디보스토크 주재 일본군 사령관 무라다 소장은 블라디보스토크와 우수리스크 일대에 있는 혁명군에게 무장을 해제하라고 명령했다. 그러고 나서 우수리스크 철도 연선을 중심으로 의병들이 있을 만한 곳에 총공격을 해왔다.

재형이 우수리스크로 오는 동안 간간이 일본군의 함성과 총소리가 들렸다. 재형은 총소리를 들을 때마다 가족들이 눈앞에 어른거렸다.

깜깜한 밤중에 집 앞에 다다랐다. 우수리스크는 아직 안전한 것 같았다. 엄주필이 재형에게 말했다.

"총재님, 제가 먼저 가서 살펴보고 오겠습니다. 여기서 기다리세요."

재형은 엄주필이 부하와 함께 집주변을 살피고 돌아올 때까지 숨어서 기다렸다. 잠시 후 엄주필이 돌아왔다.

"이곳은 아직 안전한 것 같습니다. 어떻게 할까요?"

재형은 마음이 급했다.

"여기 숨어 있게. 내가 가서 가족들을 만나겠네."

"저도 함께 가겠어요. 만약을 대비해서 총재님을……."

김이직이 재형보다 먼저 앞장을 섰다. 재형은 김이직과 조심조심 숨어들었다. 집 안으로 들어가니 아내 엘레나가 깜짝 놀라며 반겼다. 막내아들 비켄티와 막내딸 엘리자베타, 그리고 류드밀라와 발렌틴이 재형의 품으로 뛰어들었다. 딸 올가가 다급하게 말했다.

"아버지, 얼른 피하세요. 어서요! 여긴 위험해요. 어제도 기토의 고등밀정들이 우리 집 주변을 기웃거리다 돌아갔어요."

"여보, 올가 말이 맞아요. 여기 있다간 언제 잡힐지 몰라요. 어서 피하세요."

엘레나가 애원하듯 말했다. 재형은 아내와 아이들을 데리고 재빨리 방으로 들어갔다. 재형은 엘레나에게 급히 말했다.

"시간이 없소. 파벨이 부대를 이끌고 하바롭스크로 후퇴하고 있소. 어서 간단한 짐을 챙겨요. 하바롭스크로 피합시다."

"지금요? 갑자기 어떻게……."

엘레나가 어리둥절하며 말끝을 흐렸다.

"날이 밝기 전에 여길 떠나야 하오. 어서! 서둘러요."

재형도 중요한 것들을 서둘러 챙겼다. 김이직이 문 뒤에 숨어서 밖을 살폈다. 아이들도 정신없이 물건들을 챙기며 우왕좌왕했다. 어느새 새벽의 여명이 비치고 있었다. 바로 그때였다. 집 가까이에서 총성이 울렸다.

"총재님! 어서 숨으세요!"

김이직이 총소리에 놀라 재형에게 소리쳤다. 재형의 머릿속에 엄주필과 부하들이 떠올랐다. 총소리에 놀란 식구들이 모두 재형을 에워쌌다.

"아버지, 얼른 피하세요. 얼른요. 기토의 밀정이 또 왔나 봐요. 어서 피하세요."

올가가 재형을 커튼 뒤로 숨겼다. 김이직이 밖을 살피며 말했다.

"일본놈들이 집을 에워쌌어요. 아, 총재님 어떡하죠? 한둘이 아닌데요."

엘레나가 막내 비켄티를 끌어안으며 한숨을 내쉬었다. 그때 밖에서 확성기 소리가 들렸다.

"최재형! 안에 있는 것을 알고 있다. 순순히 나와라!"

오랫동안 밀정을 풀어 재형을 뒤쫓던 기토였다. 기토는 연해주 한인사회를 분열시키는 공작책임자였다. 재형은 기토가 직접 자신을 잡으러 왔다는 사실에 눈앞이 캄캄했다. 결국 기토가 쳐놓은 그물에 꼼짝없이 걸려든 꼴이었다. 재형은 아이들을 차례차례 꼭 끌어안았다. 엘레나가 흐느끼며 말했다.

"여보, 어떡하면 좋아요?"

재형은 엘레나도 꼭 끌어안았다. 그때 밖에서 기토가 큰 소리로 말했다.

"최재형! 집 안에 있는 거 다 알고 있다. 안 나오면 집에 불을 지르겠다. 모두 불에 타 죽고 싶나?"

기토의 말에 아이들이 소리도 내지 못하고 울기 시작했다.

"여보, 내가 잡혀줘야겠소. 러시아 국적인 나를 감히 어쩌지는 못할 거요."

재형은 아이들을 끌어안았다. 가족들은 누구도 입을 열 수 없었다. 눈빛으로 말을 하고 숨결로 마음을 읽었다.

기토의 목소리가 더 크게 들렸다.

"최재형! 부하와 함께 있는 것을 안다. 그자와 빨리 나와라. 숫자를 세겠다. 다섯을 셀 때까지 나오지 않으면 집까지 모두 날려버리겠다!"

재형은 총소리가 났을 때 엄주필과 부하들이 당했다는 직감이 들었다. 김이직이 재형을 막아섰다.

"총재님, 이대로 잡히시면 어떡합니까? 정말 불을 지를까요?"

"방법이 없어. 나를 죽일 수는 없을걸세. 자네는 여기 있어. 내가 잡힌 다음 얼른 피하게."

기토가 큰 소리로 셋을 세고 다시 소리쳤다.

"모두 불에 타 죽고 싶나? 빨리 나와라! 넷!"

이제 시간이 없었다. 재형이 밖에 대고 말했다.

"알았다. 내가 나가겠다. 대신 내 가족들에게는 손끝도 대지 않는다고 약속해라."

재형의 말에 아내와 아이들이 울음을 터뜨렸다.

"걱정하지 마시오. 곧 다시 만날 거요. 얘들아, 울지 마라."

재형이 문을 열고 밖으로 나갔다. 기토의 부하가 달려들어 재형의 손을 뒤로 묶었다. 쌀쌀한 새벽바람이 재형의 얼굴을 매섭게 훑고 지나갔다. 엄주필이 약간의 부상을 당한 채 묶여 있었다. 나머지 부하들은 보이지 않았다. 기토가 부하들에게 눈짓하자 부하 몇이 총을 든 채 재형의 집 안으로 들어갔다. 재형이 소리쳤다.

"내 가족들에게는 손대지 마시오!"

기토는 재형의 말을 들은 척도 하지 않았다. 잠시 후 김이직이 일본군에게 끌려 나왔다.

"함께 데리고 나왔어야지. 우리가 모를 줄 알고? 자, 어서 끌고 가자!"

기토가 앞장서서 부하들을 재촉했다. 아내와 아이들이 따라 나오며 울었다.

재형이 끌려간 곳은 우수리스크의 일본군 임시감옥이었다. 감옥에는 한인 지도자 여러 명이 붙잡혀 와 있었다. 그들은 재형을 보자마자 깜짝 놀랐다.

니코리스크에 파견된 일본 헌병대는 4월 4일부터 연해주에 사는 독립운동가들의 집을 수색하고 불을 지르며 독립운동가 70여 명을 체포했다고 한다.

일본군이 씌운 재형의 죄목은 한두 가지가 아니었다. 러시아 지역의 대표적인 의병조직인 동의회 총재, 내동공보 사장, 권업회 총재, 상하이 임시정부 재무총장 등 죄명을 모두 꼽기엔 다섯 손가락이 모자랐다.

블라디보스토크에서는 일본군이 볼셰비키 기관들을 섬멸하고 한인 집단 거주지인 신한촌을 불바다로 만들어 한민학교와 신문사, 가옥들이 일본군의 공격에 불탔다고 했다. 연해주 한인사회의 중심지였던 신한촌은 4월참변으로 완전히 잿더미가 되고 만 것이었다.

재형은 감옥에 갇혀 하루를 꼬박 보냈다. 밤이 되었지만 동료들과 함께 뜬 눈으로 밤을 새웠다. 감옥에 먼저 와 있던 황카피톤과 이경수가 침통하게 말했다.

"총재님, 며칠 전에 붙잡혀왔던 사람들이 모두 총살을 당했어요. 오늘 어쩌면 우리 차례일지도 모릅니다."

재형은 깜짝 놀랐다.

"아니, 재판도 없이 총살을!"

"이송시킨다고 여기서 데리고 나간 사람들을 모두 총살했대요. 만약 총재님도 그러면 어떡해요?"

"난 러시아 국적이니 함부로 죽이지는 못할걸세. 어떻게든 살아야지. 내 이럴 줄 알고 가족들을 데리러 왔다가 그만."

재형은 잠을 이룰 수가 없었다. 좀 더 일찍 가족들을 피신시키지 못한 게 못내 아쉬웠다.

황카피톤이 재형의 말에 위안이 되는 듯 한숨을 내쉬었다.

"맞아요. 러시아 국적을 가진 우리를 함부로 죽일 수는 없을 겁니다."

황카피톤의 말에 김이직과 엄주필이 두 주먹을 굳게 쥐었다.

"어떻게든 살아서 일본 놈들과 싸워야 하는데……."

재형은 착잡한 심정으로 지난날을 돌아보았다. 참 많은 일이 떠올랐다. 그러나 별로 후회는 들지 않았다. 노비의 자식으로 태어났지만 최선을 다해 조국의 독립을 위해 싸웠고, 동족의 아픔을 함께 느끼려고 노력했다. 표트르 세메노비츠로 살아온 날들보다 한인들의 페치카로 살아온 날들이 더욱 보람 있게 느껴졌다. 재형은 한인들의 가슴에 최 페치카로 영원히 기억되고 싶었다. 재형이 잠깐 눈을 붙였을 때였다. 갑자기 밖이 소란스러웠다. 어느새 밖이 환하게 밝아 있었다. 4월 5일 아침이었다. 일본군들이 감옥 문을 열고 재형과 김이직과 엄주필과 황카피톤까지 모두 일곱 명의 이름을 불렀다.

"새로운 감옥으로 이송될 것이다. 빨리빨리 서둘러라."

명령을 내린 일본군 사령관은 무라다의 부하인 후꾸다 소좌였다. 후꾸다의 목소리가 얼음처럼 차가웠다. 후꾸다의 부하들은 총을 들고 있었다. 재형에게 총살 이야기를 해준 한인이 침통한 표정으로 재형을 바라보며 눈인사를 했다. 재형은 손이 묶인 채 군인들을 따라 걸었다. 후꾸다는 동네를 벗어나 황량한 벌판으로 재형을 데리고 갔다. 재형의 머릿속에 총살이라는 말이 떠나지 않았다. 이송을 시킨다며 동네와는 반대쪽으로 데려가는 것이 이상했다.

재형은 사방을 살폈다. 감옥처럼 보이는 건물은 어디에도 없었다. 재형은 마지막이라는 직감이 들었다. 이대로 죽을 수는 없었다. 재형이 후꾸다에게 물었다.

"새 감옥은 어디인가?"

후꾸다가 재형에게 비웃듯 말했다.

"궁금한 게 많군. 가족들은 손끝 하나 대지 않을 테니 안심해도 좋다."

재형은 후꾸다의 대답에 머리끝이 곤두섰다. 이렇게 끝나는 것인가. 어머니의 산소엔 끝내 가보지 못했다. 어머니는 경원 땅에, 할아버지와 아버지는 얀치혜에 묻힌 채, 자신은 이제 어디에 쓰러질 것인가. 재형은 감옥에서 얼마쯤만 살면 러시아 국적이기 때문에 풀려날 줄 알았다. 그러나 후꾸다의 싸늘한 눈길에서 이미 마지막이라는 걸 직감했다. 인적이 없는 곳까지 끌고 가서 총살하려는 게 분명했다. 이대로 순순히 죽어줄 수는 없었다.

야트막한 언덕에 다다랐을 때였다. 엄주필이 재형에게 속삭였다.

"총재님, 도망치세요. 저는 어차피 뛸 수가 없습니다. 제가 훼방을 놓을 테니 얼른 도망치세요."

엄주필의 눈이 이글이글 타고 있었다. 김이직도 눈빛으로 재형을 재촉했다. 재형은 비겁하게 도망치고 싶지 않았다. 후꾸다가 재형의 뒤에서 총대를 겨누고 언덕으로 올라가도록 계속 재촉했다. 앞서가던 엄주필이 발을 헛디뎌 비틀거렸다. 후꾸다의 부하가 총대로 엄주필의 등을 후려쳤다. 엄주필이 비틀거리며 말했다.

"총재님, 어서 도망치세요!"

재형은 언덕에 서 있는 나무에 기대고 힘껏 소리쳤다.

"나는 떳떳하게 죽겠다. 대한독립 만세!"

그 순간 후꾸다의 총이 불을 뿜었다. 재형은 다리가 꺾이며 그대로 쓰러졌다. 마른 풀들이 재형의 얼굴을 감쌌다. 총소리가 계속 울렸다. 바로 앞에서 김이직의 비명소리가 들렸다. 총소리가 계속 이어졌다. 재형은 자꾸만 눈꺼풀이 감겼다. 아내와 아이들이 부르는 소리가 귓가를 맴돌았다. 마지막 거친 숨결에 고향의 억새냄새가 아득하게 느껴졌다. 재형은 영원의 잠속으로 깊이깊이 빠져들었다. 시베리아의 벌판을 달려온 4월의 삭풍이 재형의 은빛 머리칼을 속절없이 흔들었다.

우리 할아버지 최재형을
소개합니다

안녕하세요, 청소년 여러분!

멋지고 탁월했으며 전설적인 인물인 제 할아버지 최재형을 소개합니다.

할아버지는 혁명가도 아니었으며, 사회개혁을 위해 싸우지도 않았습니다만, 많은 사람에게 일자리와 토지를 얻게 하고, 교육받을 수 있게 도왔습니다.

할아버지는 정치하려는 열망을 가지지 않았지만, 사람들은 할아버지를 정부의 중요한 자리에 뽑았습니다.

할아버지는 군인이 아니었지만, 일본군이 침입해왔을 때 의병을 조직해 이끌었으며, 직접 전투에 참여했습니다.

혁명지도자들 대부분은 가족들을 잘 돌보지도 못하고, 오히려 방해가 된다고 여기기도 합니다. 하지만 할아버지에겐 아들딸 11명이 있었습니다. 그것은 할아버지가 대가족의 주인이고, 자상한 아버지이자 남편이었음을 말해줍니다.

할아버지는 가난한 농부의 아들로 태어났지만, 훗날 거부가 되었고, 자신이 사는 동안 가상 영향력 있는 한국인 중 하나가 되었습니다.

친애하는 청소년 여러분,

머지않아 어떤 사람이 되고 무엇을 배울 것인지, 자신의 삶을 선택하는 길에 서게 될 것입니다. 하지만 어떤 사람이 되든, 어떠한 일을 하든 간에, 할아버지처럼 나라와 민족을 위해 선한 영향력을 끼치기 위해 노력하세요. 그렇게 할 때, 여러분이 꿈꾸고 원하던 것들이 마침내 이루어질 것입니다.

최재형의 손자, 최 발렌틴

Валентин Цой, внук Чхве Джэхёна

《독립운동가 최재형》 발간에 부쳐

　몇 년 전 기업인들과 함께 고려인이 모여 살았던 연해주의 우수리스크 지역을 여행할 기회가 있었다. 그곳에서 지난 날 역사의 흔적을 돌아보며 특히 안중근 의사의 독립투쟁사와 함께 한인독립운동의 재정적 정신적 후원자였던 최재형 선생의 공적을 처음으로 알게 되었다.

　최재형 선생은 함경도 경원에서 태어나 9살에 할아버지와 아버지를 따라 야밤에 두만강을 건넜다. 선생은 러시아 한인학교의 첫 학생으로 교육을 받았고, 선한 선장 부부를 만나 공부를 마쳤다. 후에 선생은 러시아에서 인정받는 한인으로, 또 성공한 사업가로 한인들에게 페치카로 불리게 되었다.

　선생은 노비의 신분을 뛰어넘어 러시아 한인마을의 읍장까지 오르게 된 것은 온전히 교육의 힘이라는 것을 스스로 절감하고 러시아에 사는 한인마을 곳곳에 무려 32개의 학교를 세워 한인 2세의 교육사업에 힘을 쏟았다. 학비가 없는 학생들에게 학비를 대주고, 유능한 학생들을 선발해서 상트페테르부르크의 상급학교로 유학도 보냈다. 선생은 평생을 한인교육사업과 독립운동에 전념하다가 1920년 4월에 일본군의 총탄에 쓰러졌다.

여행을 함께 했던 우리는 누가 먼저랄 것도 없이 최재형 선생의 숭고한 교육사업과 조국애에 감동을 받고 고려인 학생들에게 장학금을 지원하는 '최재형장학회'를 만들기로 했다. 우리와 같은 피가 흐르는 재러시아 한인학생들을 돕는 일이 최재형 선생의 숭고한 뜻을 계승하는 일이라고 여겼다. 그래서 2011년 6월 29일 국회의사당 헌정기념관에서 '최재형장학회'를 발족하게 되었다.

이번에 문영숙 작가가 최재형 선생의 삶을 소설로 재현하게 되었다는 소식을 듣고 누구보다 반가웠다. 문영숙 작가는 이미 우리나라 근대사에서 디아스포라에 초점을 두고 소외된 한민족의 가슴 아픈 사연들을 소상하게 그려내어 자라나는 청소년들에게 역사의식과 동포애를 알리는 책들을 여러 권 출간하였다. 이번에 출간한 소설《독립운동가 최재형》또한 젊은 독자에게는 세계를 향한 도전정신과 건강한 야망을 품게 하고, 일반 독자들의 가슴에도 최재형 선생을 향한 흠모의 물결이 출렁거리게 하기를 기대한다. 소설《독립운동가 최재형》의 출간을 진심으로 축하한다.

2014년 4월 5일
최재형장학회 이사장 김창송

연표

최 재 형

러시아 연해주의 독립운동가.
러시아 이름은 최 표트르 세메노비츠.
1860년에 태어나 1920년에 세상을 떠났다.

1860년 8월 15일	함경북도 경원군에서 태어났다.
	아버지의 이름은 최흥백이며, 어머니 이름은 알 수 없다.
1869년 가을	가족과 함께 러시아 연해주의 한인마을 지신허로 이주하였다.
1871년	러시아 학교에 입학한 첫 한인 학생이 되었다.
	하지만 형수와의 갈등으로 가출하여 포시에트로 갔다.
	러시아 무역상선 선장 부부의 도움으로 선원이 되었다.
1871~1877년	두 번에 걸쳐 블라디보스토크에서 상트페테르부르크까지 다녀왔다.

연해주 지도

1878~1881년	선장 부부와 헤어진 뒤, 블라디보스토크에 있는 무역상사에서 일했다.

블라디보스토크 항구

1881년	얀치혜에 살고 있는 가족에게 돌아갔다. 얀치혜 남도소의 서기가 되어 일하면서, 러시아의 한인들을 위해 일하기 시작했다.

연해주 한인마을

1882년.	결혼하여 세 아이를 낳게 된다. 부인은 넷째 아이를 낳다가 세상을 떠났다.

1884년	얀치헤에서 멍고개까지 도로를 만드는 건설국에서 일하기 시작했다.
	갑신정변이 일어났다.
1888년	도로 건설에 큰 공로를 세워 러시아 정부로부터 은급훈장을 받았다.
1890년	주민들과 함께 얀치헤에 공원을 만들었다.
1891년	한인 아이들을 위한 학교인 니콜라예프스코예 소학교를 세웠다.
	가난한 아이들에게 장학금을 주고, 상급학교에 진학하도록 도왔다.

니콜라예프스코예 소학교의 학생들

1893년	얀치헤의 도헌(읍장)으로 선출되었다.
	러시아 정부로부터 두 번째 은급훈장을 받았다.
1894년	제1차 전러시아읍장회의에 참석하기 위해 러시아의 수도 상트페테르부르크에 다녀왔다.
	동학농민운동 일어났으며, 청일전쟁이 벌어졌다.

| 1895년 | 더 많은 초등학교를 세우고, 학교를 졸업한 학생들이 대도시로 유학을 갈 수 있도록 지원하였다. |

명성황후가 일본인에게 시해당했다.

| 1896년 | 러시아 황제 니콜라이 2세의 대관식에 참여하였으며, 러시아 정부로부터 훈장을 받았다. |

2월에 고종이 러시아 공관으로 피신했다.

| 1897년 | 김 엘레나 페트로브나와 다시 결혼하였다. 여덟 명의 아이들이 태어난다. |

고종이 대한제국을 수립하였다

(오른쪽부터) 최재형의 딸 올가, 소피아, 아들 파벨, 조카 지나, 딸 류드밀라

| 1899년 | 니콜라예프스코예 소학교가 연해주 내 최우수 초등학교로 상을 받았다. |

연해주 지역 한인마을 32개에 초등학교를 세웠다.
이후 얀치헤에 고등소학교(6년제)를 세우고, 졸업한 학생들을 대도시로 유학 보냈다.

1904~1905년	간도관리사 이범윤의 항일활동을 도왔으며, 더 열심히 지원하기 위해 연해주 한인들과 함께 의병을 모집하고 자금을 모았다.
	러일전쟁이 일어났다.
	1905년 을사늑약이 체결되었다.
1906년	일본의 수도 도쿄를 방문해 박영효를 만났다.
1907년	고종은 네덜란드 헤이그에서 열린 만국평화회의에 이준, 이상설, 이위종을 특사로 파견했다.
	대한제국 고종황제가 강제 퇴위되었고, 순종황제가 즉위했다.
	한국과 일본 간에 한일신협약이 체결되고 대한제국 군대가 해산되었다.
1908년	러시아 항일의병운동의 중심이 된 동의회를 만들었으며, 총장으로 선임되었다.
	동의회에는 이범윤, 이위종, 엄인섭, 안중근 등이 함께하였다.
	한인 파르티잔 부대인 의병부대를 조직하고 군사훈련을 시켰으며, 의병부대를 지휘하며 일본군 수비대에 기습공격을 했다.

연해주의 한인 파르티잔 부대

1909년　신문 〈대동공보〉의 사장으로 취임하였다. 〈대동공보〉는 러시아뿐 아니라 한반도와 해외에 사는 동포들에게 항일의식을 심어준 대표적인 민족지였다.

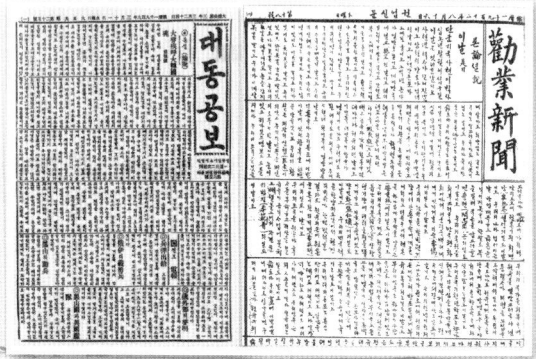

〈대동공보〉, 〈권업신문〉

1909년 10월 26일　안중근이 하얼빈 역에서 이토 히로부미를 저격하였다. 최재형은 안중근의 거사를 도왔으며, 안중근 의사가 세상을 떠난 후 그의 가족을 돌보았다.

안중근 의사와 단지혈서 엽서

1910년	한일강제병합조약이 체결되었다.
1911년	권업회를 조직하고, 총재로 선출되었다. 권업회는 1914년까지 활동하면서 러시아 항일운동의 중심이었으며, 한인들의 생활을 도왔다.
	신문 〈대양보〉의 사장으로 취임하였다. 〈대양보〉는 한글신문으로 항일운동을 보도했다.
1912년	신문 〈권업신문〉의 사장으로 취임하였다. 권업회와 〈권업신문〉은 한인들의 생활을 도우면서 조국의 독립을 위해 노력했다.
1913년	상트페테르부르크에서 열린 로마노프 황가 300주년 기념행사에 한인대표단 단장으로 참석하였다.
	권업회에서 '한인의 러시아 이주 50주년 기념행사 조직위원회'를 만들었다.
1914년	권업회의 '한인의 러시아 이주 50주년 기념회' 회장이 되었다.
1916년	일본의 계략으로 러시아 당국에 체포되었으나 석방되었다.
1918년	우수리스크에서 제2회 〈전로한족대표자회의〉가 열렸고, 이동휘와 함께 명예회장이 되었다.

전로한족회 중앙총회 개최장소

1919년	대한국민의회 외교부장으로 선출되었다. 대한민국 임시정부(상하이)에서 초대 재무총장으로 선출되었으나 취임하지 않았다. 대한제국 고종황제가 세상을 떠났다. 3·1독립운동이 일어났다.
1920년 4월 5일	일본군에 의해 체포되었고, 이틀 뒤인 4월 7일 일본군의 총에 맞아 순국하였다. 최재형의 시신이나 묘지는 찾지 못했다.

(위) 일본군에게 학살당한 블라디보스토크의 한인들
(아래) 최재형이 체포된 우수리스크의 집

1945년 8월 15일	일제 패망으로 빼앗긴 나라를 다시 찾았다.
1948년 8월 15일	대한민국 정부를 수립했다.
1952년 7월 13일	부인 엘레나 페트로브나가 세상을 떠나 키르기스스탄공화국 비쉬케크 묘지에 안장되었다.
1962년	대한민국 건국공로훈장 독립장을 받았다.

※ 사진 및 지도 출처
박환, 《시베리아 한인민족운동의 대부 최재형》(한국독립운동사연구소, 2012)
박환, 《사진으로 보는 러시아지역 한인의 삶과 기억의 공간》(민속원, 2013)